De Lucio.

Martin para una
linda familia.

Cariños para todos!

10/03/07.

La santa locura de los argentinos

Abel Posse

La santa locura de los argentinos

Ilustraciones de Eduardo Meléndez

emecé

Posse, Abel
La santa locura de los argentinos.- 2ª ed. – Buenos Aires : Emecé Editores, 2006.
160 p. ; 23x15 cm.

ISBN 950-04-2829-6

1. Ensayo Argentino I. Título
CDD A864

Independencia 1668, C 1100 ABQ, Buenos Aires, Argentina
www.editorialplaneta.com.ar

Diseño de cubierta: *Departamento de Arte de Editorial Planeta*
2ª edición: noviembre de 2006
Impreso en Grafinor S. A.,
Lamadrid 1576, Villa Ballester,
en el mes de noviembre de 2006.

IMPRESO EN LA ARGENTINA / PRINTED IN ARGENTINA
Queda hecho el depósito que previene la ley 11.723
ISBN-13: 978-950-04-2829-3
ISBN-10: 950-04-2829-6

Prólogo

La santa locura de aquellos argentinos

La de la Argentina, como la de todos los pueblos, es una historia particular. Tiene mucho de aventura nacida de la voluntad y de apuesta de aventureros afortunados.

Cuando se nos ocurre la independencia, somos apenas un confín pobre y mediocre de Occidente, para colmo un desierto lejano que España mantuvo colonialmente casi sin incluir en sus mapas mundiales.

Después del brillo de la epopeya sanmartiniana, la independencia naufraga en la realidad del caudillismo, en autocratismo y en caos anárquico, que San Martín mismo entrevió como un destino trágico que lo obligó a no poder aceptar el entusiasmo de Bolívar y preferir el exilio.

Sin embargo, aquella tentación de existir, como diría irónicamente Cioran, reapareció con la misma fuerza de 1816. Los argentinos imitan las formas políticas en boga y se otorgan la Constitución democrática, respetuosa y liberal de 1853.

A partir de allí es el milagro: los mejores son escuchados por los más fuertes y todos los que cuentan ceden a la apasionante voluntad de transformar esos desiertos olvidados en una nación (en una gran nación, como lo anotan en el Preámbulo de dicha Constitución). Desde entonces, para ellos crear la Patria será crearse a sí mismos.

Con el arma del Estado, desde el Estado nos creamos una nación con mitología heroica y con vocación de destino grande. No importaba si conocíamos y hollábamos apenas un tercio del territorio. Del mismo modo, aquella elite de dos o tres mil ilustrados fundadores comprendió que no habría nación sin pueblo o sólo con aquel pueblo de criollos desperdigados y analfabetos. Tuvieron la sorprendente ocurrencia de crearse un pueblo de la mejor cepa, que para ellos era indiscutiblemente la europea (como lo incluyeron en la Constitución). Después del mestizaje de la Conquista se inventaron el propio, el que les gustaba. Los oriundos, los criollos, tuvieron que adaptarse a la heteróclita realidad multicultural que se derramaba desde el puerto de Buenos Aires hacia la Argentina interior.

En 1910, para el Centenario, Buenos Aires sorprende al mundo como la gran metrópolis del hemisferio austral y económicamente se irá ubicando el país todo entre las principales potencias financieras y culturales de su tiempo.

La llamarada de éxito y pasión duró un siglo. En el comienzo del actual sentimos el desasosiego de entrar en decadencia sin ya sostener el apogeo alcanzado.

Estas páginas, esta miscelánea, tienden a recordarnos a la generación triste que somos, aquellos dioses, aquel entusiasmo, cuando la Argentina era Patria de posibilidades, de poder, de felicidad.

ABEL POSSE

Qué significaría ser argentino

En 1880 todavía el indio guerreaba por la provincia de Buenos Aires y quebraba las frágiles fronteras de Salta y del Chaco. En 1913 inaugurábamos el subterráneo a Primera Junta, uno de los primeros del mundo. En 1930 Buenos Aires tenía fama por su noche infinita, por la elegancia de sus mujeres y sus palacios. Pertenecíamos al puñado de naciones ricas del globo, el G7, que entonces no existía. Desde octubre de 1945 nos permitiríamos un ritmo de democratización social. Nos costó caro, pero sin dudas nos alejó definitivamente de esa lacra de una sociedad dividida en parias y señores, que padece desgraciadamente todavía casi todo el resto de Latinoamérica.

La Argentina surgió al mundo en pocas décadas más rápidamente que Canadá y casi como Israel (con todo el apoyo mundial por su posición geopolítica).

Hicimos mucho en cincuenta años y casi nada en los últimos cuarenta.

Ser argentino significa ser heredero de una particularidad, de una insolencia en la siesta continental. Entre 1890 y 1920, en el extremo de una región olvidada del mundo se consolida un país de primera, una especie de Europa periférica, una agencia de todo lo bueno, una puerta de esperanza.

Esta realidad nos otorga ese sentirnos "hijos de rico", dueños de todas las posibilidades. El fulminante éxito a veces nos aplasta haciéndonos sentir que el futuro de la Argentina quedó atrás. En nosotros se mezcla el orgullo exagerado con esa pesadumbre tanguera de haber sido y ya no ser. Pero por otra parte, nos movemos como país de primera.

Andábamos por el mundo sin complejos. Nuestros males nos parecían más bien una demora administrativa o una injusticia del pérfido mundo exterior. Esta jactancia es buena, pese a la irritación de los hermanos de Latinoamérica.

Esta seguridad nos hace vivir, pretender vivir en un mundo de primera como Juan por su casa: en las artes, deportes, ciencias. Ese primer mundo está ya acostumbrado a la súbita irrupción del talento argentino: desde aquellas elegantes argentinas en París que invitaban a Proust a sus cenas, cuando pocos lo conocían, hasta el tímido provinciano llamado Fangio, que pide un auto prestado y termina quedándose con cinco campeonatos de Fórmula 1. El máximo exponente de nuestra insolencia creadora es Borges, de alguna manera el escritor que a los europeos les hubiera gustado tener. Capaz de jugar con las culturas europeas como en patio propio, como aquel patio con higuera de Palermo, donde nació. Siempre aparecerá un argentino en los puestos importantes de algo, desde la NASA hasta en la misma y tan exclusiva Académie de France.

Como provenimos de la inmigración, hecho que determina el ochenta por ciento de nuestras sangres, somos también buenos emigrantes. Tenemos algo de rumanos y de judíos en esto. Crecemos en la soledad de la diáspora. Encontramos afuera, con rabia, la comunidad de los hombres que están solos y esperan —o ya no—. Es la otra Argentina, la de los poetas muertos. Lugones, Arlt, Storni, Murena, Conti, Rodolfo Mondolfo, Quiroga, Pizarnik, Martínez

Estrada. Es la Argentina que mata de ningunazo o de suicidio. Las dificultades del mundo exterior y de la extranjería a un argentino le parecerán cosa de chicos ante el desierto nacional. Esto, aunque la gente no lo sepa, vale tanto para Gardel, que muchas veces cantó aquí ante teatros vacíos, como para Borges, tenido por escritor de segunda en el grupo de *Sur*, con una vida de tercera, hasta que Roger Caillois lo difundió internacionalmente.

Los mayores mitos que hemos exportado mundialmente fueron Evita y el Che, dos genios de la rebeldía. Alem, Yrigoyen y Perón fueron caudillos de rebeldía y fundadores de partidos todavía ampliamente nacionales.

La Argentina hasta hace no mucho estaba entre los primeros veinte países del mundo por su calidad de vida real entre las 175 naciones homologadas. La ciudad de Buenos Aires se cuenta entre las diez ciudades de mayor nivel cultural y vital. No es poco. En esto de la calidad de vida entran valores estadísticos y extraestadísticos (niveles de alcoholismo, días de sol, clima, educación, raza, situación de la mujer, consumo de drogas, delincuencia y muchos otros valores que no pueden debatirse en los organismos internacionales).

Sin embargo, como país productor y como poder económico, ocupamos un mal puesto; esto significa que gozamos muchas veces más de lo que producimos (o pagamos o podemos pagar). Nuevos y recientes estadísticos, como Alan White de la Universidad de Leicester, miden niveles de *felicidad*. Argentina aparece más feliz que Francia, Japón y muchos países poderosos económicamente. Habrá que ver si nos estudiaron antes o después del 2001...

Teníamos un alto nivel educativo, que se logró a partir de Sarmiento, unido a una nivelación o democratización social que hacía de todos nuestros habitantes verdaderos ciudadanos.

Nuestras expectativas son justas y muy altas; nuestras respuestas económicas pobres, carentes todavía de solidez.

La calidad de vida de los argentinos se debe exclusivamente a ese factor cultural que hoy vemos peligrar. La educación primaria nacional, obligatoria; la universidad con sus logros y orgullos científicos; la pasión casi popular por las artes, la música, el cine, el periodismo de nivel; la elegancia. Todos estos aspectos conforman ese "factor cultural" que realmente enriquece todavía nuestra vida.

Ser argentino significa tener un conocimiento inefable por un estilo que parecería confirmar la noción borgeana de la "Europa periférica". Pese al drama de las dictaduras, la atrocidad de los desaparecidos y la falta de seriedad generalizada, la cotidianidad de los argentinos se enriquece por un estilo afectivo que no se da en otras partes. Es la abismal oposición entre lo público y lo privado. La amistad se transforma en un valor excepcional, como una moneda de refugio. La inteligencia individual vive esquivando la alarmante incapacidad para agregarse a la inteligencia colectiva, comunitaria. Los antecedentes de esta patología podrían rastrearse en nuestras dos ramas de origen. En la libertad anárquica del gaucho que vio en la comunidad y en el Estado el enemigo de su libertad absoluta, y en esas decenas de miles de inmigrantes que no vinieron a fundar una nación sino más bien huyendo de las suyas de origen...

Para sobrevivir hay que ser vivo, salir siempre con la suya, por encima del otro. Hemos entronizado como valor la viveza, que es como la hija bastarda de la inteligencia. Y Buenos Aires es su capital. Dicta la moda, impone su frivolidad arrasando los últimos bastiones de discreción criolla. Es la vitrina que difunde nuestra fama de país poco serio, de país poco confiable.

Ante el nuevo ciclo/siglo

En 1989 acabó el siglo XX con el desmoronamiento del sistema soviético. Tuvimos y supimos adecuarnos al ritmo mundial que se inició, respondiendo con una enérgica reorganización económica. Pero estamos demorados ante el nuevo viraje que la alucinante velocidad histórica impone. El tirón de la locomotora economicista ya no es un valor absoluto.

Como en 1816, como en 1853, como en 1880, ser argentino significa estar convocado a una gran aventura, a la posibilidad de tener materia libre y abierta para crear una sociedad distinta y mejor. El siglo XXI nos convoca por igual a sacudirnos ese relente de decadencia y pesimismo en que desperdiciamos varias décadas. Tenemos una magnífica máquina de vivir, intacta tanto en la calidad de su pueblo como en sus dones geográficos. Nos invita a echarla a andar con verdadera decisión de ser. Con Brasil y el Mercosur conformamos el polo de poder económico y cultural más importante del hemisferio sur, el hemisferio preservado: la Pampa Húmeda, la Amazonia, los Andes, el Atlántico Sur, la Antártida...

¿Nos conformaremos con haber sido una llamarada que se extingue?

¿Recuperaremos nuestra insolencia creadora, esa fuerza de país claro y feliz?

Para reflexionar, para pensarnos, debemos viajar hasta ese Big-Bang histórico que fue el Descubrimiento y la vida colonial. En aquel 1492, España entraría en el Renacimiento por la puerta grande y nuestra América y sus pueblos e imperios originales, por el sórdido corredor de servicio...

Primera parte

Descubrimiento y conquista

Furia y grandeza ibéricas

La llegada: el mutuo descubrimiento de América y de Europa

La llegada de los europeos fue motivo de doble perplejidad. Durante muchos años la subestimación del indígena y el racismo consecuente postergaron que se tomase en cuenta la versión de los vencidos. Imaginemos una interpretación de los hechos teniendo en cuenta ese asombro mutuo.

Los vieron llegar en bote bajo el solazo de la mañana de octubre. A lo lejos, esos extraños palacios flotantes en las frescas aguas caribeñas. Lo que más pudo sorprenderlos eran las barbas rojizas o renegridas, el color anómalo de los ojos, la blancura irritante de la piel y la insistencia en tanta ropa, coraza y sombrero (los locales no podían saber que la ropa, más que vestidura era investidura).

Ninguno de los dos bandos, ni los desnudos ni los foráneos revestidos, podían comprender que ese acto inauguraría un ciclo decisivo en la historia de ese planeta que ambos habitaban ignorándose. Colón y su gente estaban convencidos de que habían llegado a las Indias Orientales y que aquella gente no era más que extravagantes recolectores de especias o, tal vez, una colonia penitenciaria del Gran Khan, cuya presumible crueldad era atribuida desde los tiempos de Marco Polo.

Para los locales, los recién venidos no eran otra cosa que los asombrosos dioses venidos del mar en cumplimiento de profecías tan antiguas como las de Kukulkán, Quetzalcóatl, Viracocha. Con una facilidad que les costaría el genocidio y la dependencia —hasta nuestros días— les otorgaron categoría divina y aceptaron su mandato con resignado pesimismo.

Desde los primeros días habían comenzado a distinguir las jerarquías de los dioses: el jefe, alto y rubio de ojos azules, los capitanes y un resto de gente marinera, seguramente dioses menores, juguetones, toqueteadores y proclives a los objetos de metal amarillo.

El jefe parecía un dios malhumorado, caviloso, ceñudo, con muchos desconcertantes detalles de mero mortal. Era curioso que aquellas deidades pudieran estar mortificadas por el dolor de muelas, el lumbago oceánico o curiosas nostalgias de amor y terruño.

Habrán notado que el jefe, el llamado Colón, hablaba con un acento o musicalidad distinta de la mayoría de los dioses menores. No podían saber que se trataba de un genovés que aprendió español para la aventura de América y que su parla era una mezcla bastarda muy similar al porteño de Buenos Aires (al de la Boca de los inmigrantes xeneizes) que cuatro siglos después invadiría los tangos con palabras como *bacán*, *pibe*, *morfar*, *pelandrún* y otras.

En aquellos años de la Conquista, cuando nacía el moderno Occidente, el genovés, el francés, el inglés o el alemán eran parlas de provincia. Sólo en español se podía hacer carrera y moverse en la banca. Era como el latín, para los humanistas de antes, o el inglés de los comerciantes de hoy.

La bondadosa naturaleza de los dioses venidos del mar se puso pronto en evidencia: el jefe ordenó que se repartiesen algunos bonetes colorados y cascabeles.

Los locales pagarían estos alegres chirimbolos durante siglos.

Nada puede haber más trágico que ver a los dioses transformarse no sólo en hombres, sino en torturadores, en exterminadores de una comunidad.

Los europeos y los americanos protagonizaron en aquellos primeros meses de encuentro uno de los más trágicos malentendidos de la Historia.

Haber entendido que los barbados venían cumpliendo profecías desarmó —en el plano psicológico y metafísico— la convicción necesaria para resistir a un invasor militar.

El "malentendido" de raíz religiosa fue motivo de uno de los genocidios mayores de la Historia: según el estudioso Ángel Rosenblat, en 1492 había en la isla que bautizaron Hispaniola, la actual Santo Domingo, unos 250.000 indios. En 1535 sólo quedaban 500. Según ese investigador, la población indígena de América pasó del 100% en 1492 al 5,9% según datos estimados a 1942.

Los llamados "indios" en algo estaban adelantados en cuatro siglos a las costumbres de sus conquistadores: iban desnudos como suecos en Ibiza.

Los recién llegados desconocían esa saludable naturalidad. En Europa no se veían cuerpos desnudos desde la conversión de Constantino al cristianismo. Desde entonces los baños de vapor y las playas quedaban deshabitados. La desnudez ingresa como signo evidente de pecado. Pasa a ser característica de brujas y endemoniados. Sólo en los burdeles medievales podría tener cabida semejante aberración.

Por lo tanto, no es difícil imaginar el estupor de los descubridores. Las crónicas fueron bastante discretas. (Seguramente temieron un ucase papal condenando el Nuevo Mundo a ser clausurado por demonismo y pornografía.) Salvo en algún italiano como Michel de Cúneo, hubo más bien un silencio cómplice en torno a esa delicia evidente de bellos cuerpos desnudos, en inocente disponibilidad. Era un hecho que hasta hacía soportable la escasez de piezas de oro y de piedras preciosas.

La raza de los taínos, los locales que habitaban aquellas islas, era una de las más bellas y mejor proporcionadas de América.

El itálico Michel de Cúneo tuvo la sinceridad de narrar cómo sedujo o violó (nunca se sabe bien) a una taína en su camarote de a bordo. Su narración tiene matices sadomasoquistas: la bella se resiste, él recurre a un látigo y, al final, hay una reconciliación erótico-dialéctica y ella muestra cualidades y una sabiduría sexual que exceden todo lo que el joven De Cúneo podría haber imaginado.

Colón, político y sabedor de que escribe a una corte católica e intolerante, es muy prudente, pero no deja de destacar claramente su emoción ante los cuerpos: "Ellos andan todos desnudos, como su madre los parió; y también las mujeres, aunque no vi más que una, harto moza... Todos de buena estatura, gente muy hermosa. Los cabellos corredíos y gruesos como sedas de caballo".

La condena católica de esta desnudez masiva no pudo cumplirse: la incipiente industria textil catalana aún tardaría siglos para vestir a aquellos pueblos que, además, caerían en un ciclo de explotación e indigencia económica total.

En mis novelas *Daimón* y *Los perros del Paraíso* traté de precisar (a veces con lenguaje irreal e impreciso, ya que el novelista trata de acceder a lo verdadero por el inexacto camino de la poética o de la imaginación surreal) este choque frontal entre dos conceptos distintos del cuerpo: el judeocristiano y el del paganismo americano.

El oro y las perlas dejaron de ser la única atracción; desde entonces en adelante los invasores encontrarían un gran consuelo. El otro oro fueron los cuerpos.

Mucho se ha escrito sobre los móviles políticos, económicos, sobre todo religiosos —misionarios— de la Conquista. Durante siglos la crónica oficial y académica acalló el móvil erótico con todo lo que tenía de destape y de salvaje libertad para gente que no veía desnuda a una mujer ni en la noche de bodas. (Los frailes confesores aconsejaban para esa ceremonia el uso de un "sayal liviano, si es posible de lino, con un adecuado agujero". Además, los esposos tenían que controlar con férrea energía esa débil separación entre procreación y lascivia, porque la misma noche de bodas, noche de sacramento, podía transformarse en pecaminosa velada de lujuria.)

Esto explica que centenares de los que se embarcaban hacia América en realidad venían huyendo de una España cuyo epicentro de frustración era la represión sexual.

Más que el lugar del oro, América fue el lugar de la libertad sexual. Todas las clases sociales de España (incluidos los eclesiásticos) pronto supieron de esta atracción, del "oro secreto".

Anotó Las Casas en el libro I, capítulo CLX de su *Historia*: "Se vio a los desorejados y gente vil de Castilla, desterrados por homicidas, tomar a los reyes y señores por vasallos para los más bajos y viles trabajos. Sus mujeres, hijas y hermanas eran tomadas por fuerza o por grado".

El obispo Diego de Landa, que contempló estos hechos con franciscana tolerancia, escribió en el capítulo XXXII de su famosa *Relación de las cosas vistas en Yucatán*: "Las mujeres locales eran apreciadas por lo buenas, y tenían razón, porque antes de que conocieran nuestra nación, España, lo eran a maravilla; según los viejos hoy lo lloran. De esta bondad de las mujeres traeré un ejemplo: el capitán Alonso López de Ávila, cuñado de Montejo, prendió una moza india, bien dispuesta y gentil mujer. Ésta había prometido a su marido, temiendo no ser matada en guerra, no conocer otro hombre más que él. No bastaron con ella los medios de persuasión para que no se quitase la vida por no quedar ensuciada por otro varón. Por lo cual la dieron a los perros".

La hicieron devorar por los temidos mastines cebados en carne americana.

Estos perros ayudaban mucho a cuidar la nueva moral. El cronista Oviedo escribió una breve biografía dedicada a uno de esos moralistas, particularmente aplicado, que respondía al nombre de Becerrillo: "Era ferocísimo defensor de la fe católica y de la moral sexual, descuartizó más de doscientos indios por idólatras, sodomitas y por delitos abominables, habiéndose vuelto con los años muy goloso de carne humana".

La nueva raza

Más que conquista, violación. El grupo ibérico actuó como un verdadero banco de esperma que reparó —por vía erótica y genital— el genocidio imperial.

De todos los imperios e imperialismos de la Europa moderna, sólo el español tuvo esta cualidad.

Ni los británicos en África, ni los holandeses y franceses en Asia y Malasia, crearon con tanta dedicación una etnia. No fueron capaces de esta acción demográfica compensadora.

Desde la arrogancia luterana despreciaron al negro, al asiático, al indígena. El desprecio incluyó el alma y el cuerpo.

A diferencia de esta conducta, puede afirmarse que los españoles sólo despreciaron las almas. No supieron despreciar los cuerpos al punto de no permitirse entrar en contacto con ellos. Incluso, en muchos casos se produjeron matrimonios de amor entre caballeros e indígenas de alta cuna. Este hecho hubiera sido inimaginable para los ingleses en África, por ejemplo.

El conquistador era él mismo un marginal, como los Pizarro y tantos otros. Fueron incapaces de llevar el desprecio hasta el punto de lograr la inhibición sexual. Así surgió ese pueblo nuevo, mestizo, bastardón, pero con estilo propio que hoy es ya una nueva realidad cultural y étnica: los latinoamericanos.

Con el tiempo, los conquistadores terminarán al lado de los conquistados, en una sola familia social y cultural.

Como suele ocurrir en las múltiples vueltas de la Historia, los enemigos de la primera hora quedan reunidos, a la vuelta de los decenios, por una realidad que se separó de los propósitos y designios imperiales.

Del exterminio militar se pasa al repoblamiento.

El viaje de la Conquista culmina en viaje erótico.

En América fracasan las laboriosas clasificaciones del conde Gobineau y, más aún, los sórdidos códigos raciales del doctor Rosenberg. Hablar de raza, refiriéndose a los hombres de América, es demencial. Hasta hace poco el 12 de octubre se lo festejaba como Día de la Raza, debería hablarse del Día de las Razas. Porque América son todas las razas del mundo. Es mestiza y multicolor. Si nos dijeran que en el interior del Mato-Grosso se descubrieron hombres azules, no nos extrañaríamos tanto como el doctor de Mahieu, que habiendo encontrado en el Paraguay indígenas rubiones y con ojos azules intentó deducir que eran descendientes incontaminados de una migración vikinga. Bastaban cuatro españoles de ojos azules y algunas docenas de indias para fundar una estirpe como aquélla, sin necesidad de buscar improbables migraciones.

El mestizaje es general. América, como bien lo afirmó Alejo Carpentier, es un continente mestizo. Y el más curioso mestizaje es el que se da entre las distintas gamas de blanco, como ocurre en la Argentina y Uruguay, donde muchos arrogantes creen necesario apartarse de la condición de mestizos.

El relato eclesiástico de la Conquista se construyó dejando grotescas lagunas y contradicciones. Las Casas quedó como un quijote con sotana, anegado por una sistemática y continuadora tarea de contrainteligencia (como se diría en el lenguaje técnico-político de hoy).

Lo cierto es que hoy hay que descubrir el Descubrimiento. Éste no fue un hecho unilateral, con un solo protagonista válido enfrentado a una raza descalificada de "hombres sin cualidades". Fue un descubrimiento mutuo que terminó en drama y en una nueva síntesis étnica y cultural.

El invento de la noción de "leyenda negra" ha sido un arma inquisitorial para crear un "silencio negro". Los escritores de América nos revelamos contra este silencio, y progresivamente la realidad del encuentro entre ambos mundos surge como esas ciudades sepultadas que los arqueólogos logran poner en valor.

Este aporte de datos y de interpretaciones libres, no presionadas por el clero ni las academias, es de gran utilidad, ya que en ningún caso se trata de fundar nuevos rencores y racismos al revés, y menos aún de intentar una "imposible venganza contra el pasado", como diría Heidegger.

Los americanos creemos que decir toda la verdad es un exorcismo necesario. El diablo del pasado debe ser exorcizado para que la realidad espiritual y cultural hispanoamericana pueda correr por cauces libres y claros.

En América, España descubre. Pero también se descubre. En los hechos de la Conquista se desnuda, o más aún, se pone en carne viva. Todas sus cualidades, deformidades, contradicciones y dones se evidencian en la situación límite de la Conquista. Es una verdadera transmutación de valores: un criador de puercos se revela como estratega genial; un cura que quería ser obispo termina enfrentado al juicio todopoderoso de la Iglesia, casi merece el martirio de los santos; un señor feudal, circunspecto y grave como es Ponce de León —a quien imagino un bradomín feo, católico y sentimental— deja de lado toda imagen de sensatez y los propósitos económicos "serios" y se pone a buscar la fuente de la eterna juventud.

Debajo de la España forzadamente judeocristiana resurge una fuerza pagana y una fantasía creadora inusitadas.

Una raza de condotieros, con aquella *virtú* de la que hablaba Maquiavelo, desborda los cauces marcados por la Corona y la Iglesia.

En estos hombres apasionados, capaces del coraje, del orgullo y del delirio, se encuentra la raíz por la cual el hecho de la Conquista, a pesar de la condena que merece por tanta crueldad y desprecio hacia las civilizaciones locales, sigue siendo un expediente abierto, lleno de episodios humanos asombrosos y admirables.

El orden de valores, jerarquías y prestigios del que se valían en España quedaba transmutado en el yunque de pruebas de América.

El verdadero coraje y la verdadera imaginación revolucionaban el orden establecido en la metrópoli.

El viaje terrestre: las grandes marchas

Con una inconsciencia sólo comparable a su tenacidad y coraje, los íberos no vacilaron en adentrarse en el continente inaugurando esa serie de viajes terrestres todavía más peligrosos que el cruce de la Mar Océano.

Los locales los observaban desde la manigua, desde los cerros. Se veía que ese signo en cruz que llevaban por delante concitaba sus fuerzas: con el tiempo supieron que, curiosamente, se trataba de un instrumento de tortura donde el dios-hombre se había dejado crucificar. Sabrían por experiencia que seguramente se trataba de una religión dualista porque ni la proclamada caridad ni el mandato de amor les impedía ejecutar matanzas como las de Cajamarca y México. "A Dios rogando y con el mazo dando."

Tal vez los locales pronto comprendieron que ya nada podía detener a aquellos obstinados que desconocían la queja y el desánimo aun en las más atroces circunstancias. Esa fuerza de ir siempre "p'alante" es el secreto de los imperios. La duda no es solamente signo de decadencia, es directamente el fin.

Aquellos invasores eran tan indeclinablemente optimistas que aun oliendo el acre olor de la sangre de las matanzas, no dudaban estar haciendo el bien. Al eliminar a un oponente sentían estar aliviando al mundo de un error. Ellos, que eran los grandes portadores de la culpa judeocristiana, supieron protagonizar, sin culpa ni duda, el crimen histórico. Casi sin excepción, se desconoce conquistador que haya perdido el sueño o haya muerto con lamentos de arrepentido.

Católicos sí, pero de cristianos nada.

Eran capaces de ofrecer batalla trescientos contra solemnes ejércitos de cincuenta mil. Asaltaban ciudades amuralladas. Se curaban heridas de flecha con un hierro al rojo vivo y después emparejaban el estropicio con cera y sebo animal. Marchaban por desiertos lunares como los de Perú o la Puna, calcinados por el sol y sin quitarse yelmo ni coraza. Con poca queja bebían sus orines o los de las mulas.

Algunos hirvieron o asaron sus botas (y esta sí que es una verdadera proeza alimentaria). Otros aprendieron a comer pájaros crudos, gusanos, manojos de hormigas. Al atravesar los esteros dormían colgados del ramaje, como monos.

Se dieron a la fascinación y al peligro de América. Vivieron todas las fantasías posibles: en un día pasaron de virrey a prisioneros harapientos.

Descubrieron cataratas cuya belleza los llevaba a orar de rodillas o a recordar versos olvidados. Se extasiaron ante pájaros de plumaje ducal y espléndidos mantos de orquídeas bajando de los palmares.

Los protagonistas de la aventura eran superhombres nietzscheanos: Álvar Núñez Cabeza de Vaca, que podía cruzar a pie desde Santa Catalina hasta Asunción del Paraguay, Irala, Balboa, Alvarado, Orellana, el delirante y demoníaco Lope de Aguirre.

Eran hombres de naufragio e inmediato desafío. Vivían la guerra como fiesta y la paz como aventura y campo de placer. En estos católicos, América hizo reaparecer un sepultado linaje de romanos.

Los locales comprendieron que estaban vencidos antes de las batallas. Para ellos había llegado el temido sol negro, el tiempo del fin de un ciclo.

Era el tiempo del toro sobre la tierra. Los cóndores se refugiaron en la altura. Hace cinco siglos que inmóviles miran hacia el llano.

El viaje fantástico y metafísico

Como se anotó antes, igual que la Odisea y la Comedia, el viaje de América mezcló lo real y lo fantástico, lo geográfico y lo metafísico, en un todo indivisible.

Pizarro extendía, creaba, el Imperio, pero al mismo tiempo buscaba la Ciudad de los Césares, el reino de El Dorado. El encuentro de tierras paradisíacas y de lugares mágicos los empezó a alentar tanto como el oro y las perlas. Iban también movidos por el deseo de un mundo donde rigiesen otras categorías y una topografía fantástica (un accesible más allá con un código diferente del terrenal).

En la compleja personalidad y cultura de Cristóbal Colón se puede encontrar una síntesis de estas curiosas ambiciones cosmológicas y escatológicas de la época. Por supuesto que no es fácil adentrarse en ese personaje donde el aventurero y el santo, el embaucador y el visionario, el navegante genial y el conductor chapucero se dan al mismo tiempo. Si se lo estudia aceptando sus contradicciones, sin exigirle coherencia, se puede tener una idea cercana de la doble dimensión que contenía el viaje de América, que creaba un imperio pero buscaba nuevos reinos, reinos secretos o imaginarios.

El inmodesto Colón intuía nada menos que el Paraíso Terrenal. No tuvo empacho en afirmar que era de la raza de Isaías y que era el convocado para el retorno a aquella tierra fértil, fácil y sin muerte (sobre todo) de la que fueron expulsados Adán y Eva después del famoso robo de frutas y otras imprudencias.

En octubre de 1492 descubrió tierras que atribuyó al Gran Khan; en 1498, llegado a la península de Paria, en su tercer viaje, no duda de estar ingresando en el Paraíso Terrenal. Es el momento en que lo fantástico se hace real, y lo real, metafísico. Escribe el almirante a la reina Isabel: "La navegación ya no transcurre en el plano meramente horizontal, como pueden creerlo los pilotos y la marinería. Estamos ascendiendo por el sendero del mar. La estrella del Norte se alza, al anochecer, cinco grados. Hallé temperancia suavísima y se ven en la costa árboles verdes y hermosos como en las huertas de Valencia. La gente que se va viendo tiene linda estatura y son más blancos que los antes vistos. Sus cabellos son largos y lisos... Nos alzamos porque la Tierra no es redonda. Estamos en el extremo del mundo, debajo de la línea equinoccial, el lugar del planeta más próximo al cielo".

Y más aún: después de hablar de los cuatro ríos del Paraíso, que afirma haber encontrado, le comunica a la reina con tono científico una desopilante topografía del Paraíso Terrenal: "Como he dicho antes, el mundo no es redondo, sino que tiene forma de pera, muy redonda, salvo allí donde tiene el pezón que allí tiene más alto. O como quien tiene una pelota muy redonda y en ella hubiesen puesto una teta de mujer y que la parte del pezón fuese la más alta, cerca del cielo, y por debajo de él fuese la línea equinoccial. Todo esto que digo, en el fin del Oriente. Y llamo fin del Oriente adonde acaban toda tierra e islas del mundo..."

Con este texto Colón inaugura el surrealismo de las letras hispano(ítalo)americanas. ¡Imaginar una pelota, luego, encima de ella, una teta cortada con su correspondiente pezón!

Su convicción de haber sido el elegido para retornar al Paraíso Terrenal, clausurado desde los días de la lujuria de Adán, fue tan clara y definida que le comunicó al papa Alejandro VI este ingreso que podía conllevar incalculables consecuencias teológicas. Le escribe: "Creo lo que creyeron y creen los sabios y santos teólogos, que estos parajes son los del Paraíso Terrenal".

La visión cultural, la escatología judeocristiana, la desesperación y el impulso hacia lo grande y lo excepcional se mezclan como en el viaje de Dante a través del mundo y del ultramundo hacia el final paradisíaco (la más angustiosa y permanente ambición humana).

Este componente enriquece y da profundidad al viaje de España hacia América. A pesar del horror, de los horrores, permanece viva esta cuerda humanísima, esta quijotesca afirmación simultánea de razón y sinrazón, de cálculo y delirio.

España desembarcó toda una cultura, una cosmovisión que entró en guerra con las concepciones locales. Pero España no supo detenerse: viajó y siguió de largo sin saber integrar las sabidurías de esa América profunda.

Fue el único mestizaje que no se permitió.

Es tarea actual de la cultura hispanoamericana saber rescatar y sintetizar ese choque de cosmovisiones.

El fatal malentendido

El supremo sacerdote mexicano, el Mexicatl Teohuatzin, esperó solemnemente que los jefes guerreros se acomodasen en las graderías de piedra labrada. Pasaba en el piramidal templo mayor de Tenochtitlán (hoy definitivamente restaurado y abierto al turismo, entre la catedral y el bloque de la moderna cafetería Nebraska).

Eran los hombres-águila con sus plumas brillantes y los hombres-jaguar, cuyos rostros duros aparecían entre las feroces fauces de la piel de tigre que los cubría y señalaba su casta.

Cuando el corazón del feliz sacrificado terminó de arder en el chacmool, inició su alocución con su voz baritonal, escandiendo el tiempo de sus frases:

"Sabiamente el señor de la guerra, el Tecuhtli, acaba de disponer la disolución de vuestra escuela de guerreros. Vuestros regimientos heroicos ya no tienen sentido: ingresamos en un nuevo ciclo.

"Definitivamente sabemos que los aparentes hombres que llegaron en el año que ellos llaman de 1492 son en realidad dioses menores. No son los temidos Tzizimines, los demonios de Oriente, como algunos adivinos habían temido. Son los bondadosos dioses anunciados por Quetzalcóatl para este Quinto Sol de los ciclos...

"Nuestros enviados estuvieron estudiando pacientemente a estos curiosos dioses. Sabemos que ahora se aprestan a saltar desde las islas hacia nuestro continente, hacia el centro del Imperio.

"Pero nada debemos temer. Hasta hemos podido descifrar y estudiar un ejemplar de su libro sacro. ¿Podríamos oponernos a quienes son portadores del bien y llegan cumpliendo las profecías de nuestros ancestros?

"Son los dioses que llegan desde el otro lado del Gran Mar. Son barbados, generosos, huelen profundamente y parecen increíblemente humanos. ¿Ante esta evidencia qué sentido pueden tener nuestros regimientos?

"¡Oh, son seres maravillosos! Sólo en el inflexible ejercicio de la bondad conciben su propia salvación. Hemos llegado a saber que desde niños les inculcan que el único sentido de sus vidas debe ser la perfección del alma.

"Se quitarán el pan de la boca para saciar el hambre de los nuestros. ¡Su dios prefirió morir en una cruz antes que emplear sus poderes celestiales contra sus verdugos! Éste es el ejemplo de sacrificio y abnegación que se recuerda cada mañana en sus ritos. Según parece devoran a su propio señor hecho pan... ¡sólo desean consustanciarse con tamaña bondad! Como en nuestros rituales.

"Ese dios les enseña a amar al prójimo como a sí mismos y jamás desear o infligir un mal que uno no desearía para sí".

El supremo sacerdote observó que los jefes-águila y los duros guerreros-jaguar se miraban asombrados desde sus graderías. Era una mañana esplendente, con un aire (todavía) diáfano; diríase soplado por el mismo Quetzalcóatl desde Teotihuacán, que es la región más transparente del aire, el lugar por donde habitualmente bajaban los dioses antes de la llegada de éstos, que prefirieron acercarse en grandes palacios de madera. El Teohuatzin sabía que debía decirles toda la verdad, la absoluta verdad.

"¿Sabéis qué enseñan a sus hijos? ¡Pues que antes de golpear o herir a su ofensor hay que ofrecer la otra mejilla! ¡Aunque no lo creáis! ¡Con el débil se identifican, al débil aman! Multiplican los panes, pero no para enriquecerse sino para repartirlos.

"Sustituyen la guerra y la violencia con el perdón. Éste es un supremo invento: ¡así quiebran el ciclo de la humana venganza!

"Su dios se expresó en un libro. Y el libro que los guía los obliga a todas estas bondades.

"Dominan el rayo del cielo. Saben contenerlo en un tubo de metal del largo de un brazo. Pero sólo es para uso pacífico. Disparan truenos para alabar a su dios con el revoloteo de los pájaros asustados.

"Nuestros lingüistas creen haber descubierto los cinco nombres de los dioses de su extraña teogonía: Cristo, Ispania (o algo así), Oro, Rey, Maravedíes.

"Sin duda lo que más temen y repudian es lo que llaman 'el pecado de la carne'. Consideran lujuria y presencia del Mal hasta el simple amor de los cuerpos desnudos. Privilegian lo que llaman pudor: hasta el punto que pese al calor del mediodía del año van cubiertos de pies a cabezas con terciopelos, corazas, cascos o boinas con pompón.

"¡Tanto respetan a la mujer que no quieren ni ver la natural desnudez! Imaginad que nuestras doncellas podrán acercarse tranquilas y confiadas. ¡Ven sólo pecado en el placer que no sea para la estricta reproducción santificada por sus monjes!

"¡Guerreros!: Ahora comprendéis por qué la orden del año 4-Calli emitida por el señor de Tezcoco. Ya no tienen sentido las escuelas de guerra en que os habéis formado.

"Un ciclo de bondad y redención comienza. ¿Para qué nuestras armas? Esperémoslos con flores y con cantos. Así se lo hemos sugerido al supremo señor de Tenochtitlán, al gran Moctezuma.

"¿El triunfo de ellos no será acaso nuestra propia victoria, la victoria de todos?"

El descubrimiento pendiente

Los redentores, los venidos del mar, los anunciados, descendían en la mañana esplendente de sol, sobre las aguas color esmeralda de ese Caribe que, cinco siglos después, abusaría el Club Mediterranée. Un paraíso.

Eran increíblemente blanquiñosos, esmirriados. Respiraban como si saliesen de una mazmorra medieval. Algunos nadaban como pálidos renacuajos en torno de los enormes palacios flotantes que el mar mecía. La sal y el sol empezaban a secar las pústulas y flemas de la vida de bodega. Sobre la playa iban quedando los húmedos harapos de investiduras cuya jerarquía los aborígenes tardarían en aprender. Iban retornando a una (parcial) desnudez. Esos cuerpos casi concentracionarios no se diferenciaban mucho del Dios clavado en la cruz, cuya mansedumbre los recién venidos adoraban hasta imponerla y popularizarla por la espada y los fuegos inquisitoriales.

Los íberos eran tenacísimos dioses acosados por caries, lumbagos de sentina, colitis de agua salada y atroces melancolías de amores dejados en Extremadura o en Jerez.

El jefe tenía cabellos rubios. Llegó en una canoa y notaban que su hablar era dulzón, diferente del de los pálidos de pelo y ojos negros. Parecía un antedatado compadrito de Buenos Aires. Se creía renacentista: boina con plumas, calurosa capa con bordados, borceguíes amarillos terminados en una espiral de cuero con cascabelito.

Los dioses barbados rompieron minuciosamente una botella vacía de anís, pusieron los trozos sobre un terciopelo rojo y cambiaron esas cuentas por perlas y dijes de oro. A los indios les parecían maravillosos esos trocitos de vidrio, ¡y eran mucho más blandos que el diamante! Así nacía lo que técnicamente llegaría a denominarse "la deuda externa de América latina".

Los aborígenes quedaron inmediatamente seducidos por estos dioses que recomendaban ofrecer la otra mejilla al que te golpeara, y que había que amar al prójimo como a sí mismo. Sin embargo, no entendían que quienes veían en la carne el más inmediato abismo para el pecado mortal anduviesen, desde el primer día, tratando de meterle mano a esas princesas que reaparecerían en las cadenciosas rumbas de Lecuona: Siboney, Anacaona, Bimbu (o Anahí, de la guarania de Samuel Aguayo). Curiosamente, parecía que les molestaba la sosa entrega de los cuerpos. Preferían los caminos de la violencia y del pecado. Los americanos no podían saber que venían acosados por un morbo metafísico exterminador y contagioso: la culpa.

Así surgió el mestizaje. A diferencia de otros "imperios modernos", de los ingleses, holandeses o franceses, que ocultaban su relación con negras, malayas o hindúes, los hombres de España no despreciaron los cuerpos. Aceptaron al otro; se diga lo que se diga, fue un hecho único en la historia moderna. Desde el sexo se fundaba un imperio cultural. Surgió la gran familia iberoamericana, la "familia de Cervantes", como la llamó Macedonio Fernández. Somos una familia vital, multicolor, con ritmo y creatividad; con religiosidad, poesía y capacidad. Somos más bien metafísicos y, por eso, en estos tiempos de estúpida tecnolatría y subcultura audiovisual, el mundo puede esperar mucho de nuestro imperio cultural.

Si bien los indios —alelados— los creyeron bondadosos dioses barbados (y así fue), los íberos astutos y "pragmáticos" empezaron a creer con Colón que habían llegado al Paraíso. Se fueron aquijotando: ya no se conformaban con ínsulas y palacios, sino que pretendían arenales de oro y sierras de plata. También estos se perderían en terribles jornadas ilusorias.

Pocas veces en la historia se vio tanto coraje: cruzaron desiertos calcinados por el sol de la Puna, cargando yelmos, corazas, mosquetones, biblias, escapularios; exprimiendo cardos o bebiendo sus propios orines. Cruzaron selvas todavía hoy impenetrables disputando las horquetas con familias de indignados monos o leopardos. Los frailes arrastraban por las escarpadas sierras las imprentas hacia Chuquisaca. Uno, trémulo y empapado, llevaba la custodia y el alfabeto con letras de quebracho...

Vivían plenamente las alegrías de la espada. Cien enfrentaban a mil. Con los años, se jactarían de las cicatrices castrenses como de antiguas amantes. La columna avanzaba siempre, mascullando calumnias, venganzas y complots. Sólo eran leales al coraje y la ambición. Se repartían reinos imaginarios y hasta se mataron por ellos. Y a veces, cuando llegaban a ese oro que les permitiría vivir en un palacio andaluz, se lo jugaban al mus en una noche, como hizo Sierra de Leguisamo con el enorme disco de oro del dios Sol, el Inti del Cuzco.

Lo único que no aguantaban eran las pantanosas melancolías de Buenos Ayres. Vivieron allí protoformas de tango: Lucía Miranda, El Tigre, Riachuelo y después... De Pedro Mendoza para abajo cayeron en culpas y nostalgias.

Murieron pobres, olvidados. Y los pocos que volvieron no tuvieron audiencia. Eran condotieros en estado salvaje; la Corte los despreciaba y temía, como a puñales ensangrentados.

Y aquella olvidada no viuda en mantilla negra, de Extremadura o de Jerez, con toda naturalidad, después de veinte años de ausencia, les preguntaría con el amor de siempre: "¿Qué te preparo? ¿Quieres unas alubias con tocino?"

Fue hacia fines del quinto siglo cuando emergió la pirámide del templo mayor de México-Tenochtitlán. Había estado sepultada en la laguna bajo la librería-editorial Porrúa en la esquina de Sierra y República Argentina. (Los de la telefónica habían zahondado por los cimientos buscando un cortocircuito.) Hoy luce espléndidamente restaurada frente al Zócalo y la catedral.

Ahora vivimos un verdadero renacimiento de la iberoamericanidad. Nos sentimos parte de un imperio cultural vivo y pujante. Somos una gran fuerza, con más cohesión cultural que los mismos países de la Unión Europea. Habitamos un gran continente verbal que conlleva valores propios, todavía preservados de los fracasos de esa modernidad que Henri Miller calificó como "pesadilla de aire acondicionado".

Tal vez hemos tenido quinientos años de mala economía, de indiferencia fratricida, de mala política. Sentimos que nos queda entre las manos lo más importante: un poderío cultural y vital sin decadencia, en plena creatividad, al punto que el pasado nos parece sólo pasado y que el presente nos suena sólo a futuro.

Somos una pasión y un potencial transatlántico: Portugal, España, México, Brasil, la Argentina, Perú, Venezuela... la mediterraneidad, la latinidad. ¿No seremos una superpotencia vital y humana que, de tanto autodescalificarnos, no nos hemos tenido en cuenta hasta hoy?

Después de tanto evocar el Descubrimiento, es hora de descubrirnos a nosotros mismos. De legitimarnos ante un mundo al que vemos con ojos de autodescalificación y reverencia.

Los dioses errantes

Es tiempo de una reflexión, más que la puramente histórica, para poner en valor algunos aspectos de la espiritualidad precolombina que enriquecen nuestra heterogénea cultura iberoamericana. A los ingredientes grecolatino, judeocristiano y árabe de las Españas sucesivas, se debe agregar también esa dimensión precolombina, que fue negada durante la larga y represiva etapa colonial, pero que debería ser rescatada en el actual renacimiento cultural de la gran nación iberoamericana que estamos viviendo.

Nos hemos pretendido monoteístas furiosos siendo que en Iberoamérica (y en España en particular) el ingrediente pagano, moro y hebreo creó una especie de cultura subterránea, o una contracultura, que se expresó marginalmente a lo largo de los siglos. El monoteísmo (enfermedad congénita del judeocristianismo) fue en América colonial aún más represivo y excluyente que en la misma España inquisitorial. Minuciosamente se destruyeron en América los contenidos de una rica cosmovisión y una poética religiosa que hoy nos enriquecería. La sabiduría de los amautas, tlamatinimes y chamanes fue casi anonadada. En este sentido la actividad de los conquistadores ha sido más cubridora que descubridora. Ejemplo tristemente paradigmático es el del obispo Landa, de Yucatán, que quemó, con piadoso monoteísmo incendiario, toda una biblioteca de Alejandría de la cosmovisión maya y azteca-tolteca.

Pero los dioses no han muerto. Siguen rondando por esa cultura de nuestra América que crea desde la frustración, desde sus oscuros conflictos aún irresueltos. Los pocos poemas náhuatl que, pese a Landa, llegaron hasta nuestros ojos, demuestran una refinada relación con la divinidad y el misterio. Estos pocos versos pueden señalar el tipo de sosegada y escéptica visión que tenían esos poetas de nuestra "posición en el cosmos" y de la atención que podemos esperar de las fuerzas supremas:

Nuestro Señor, el Señor que está próximo,
Piensa lo que quiere
Determina
Se divierte
Según sea su deseo
Nos puso en la palma de su mano
Nos mueve según su voluntad
Y nos inclinamos, rodando como bolitas
Nos despide a la deriva
Para él somos objeto de diversión
Se ríe de nosotros.

Algunos aspectos de la cosmovisión americana son especialmente interesantes: el sentido cíclico del tiempo y el principio de movimiento periódico renovador; la creencia en etapas o "soles" con características diversas (por ejemplo, ese sol negro en el cual los humanos, por abusar de las cosas, terminan sepultados, acabados por ellas); la aceptación del hombre como ente hermanado con los animales y plantas y con la materia del mundo que habita. La metafísica de la culpa y de la denominación antropocéntrica que traía el conquistador chocó con estas creencias profundas, nacidas en seres que parecían asociados al planeta y al cosmos en una relación primigenia que el judeocristianismo niega desde los primeros versos del libro del Génesis. ("Fructificad y multiplicad, y henchid la Tierra, y sojuzgadla, y señoread en los peces del mar, y en las aves de los cielos y en todas las bestias que se mueven sobre la Tierra".)

Las dos metafísicas siguen luchando en nuestra América, aunque una de ellas parezca haber triunfado en este largo round de cinco siglos.

Hoy ya no son los españoles los beneficiados del dudoso mandato de *enseñoramiento* del mundo, son más bien los protestantes anglosajones los que tomaron la posta. Más allá de las circunstancias políticas y económicas que estemos viviendo, Iberoamérica es una sola realidad cultural, determinada por su idioma y por esa múltiple conformación de factores enumerados al comienzo y en el que hay que incluir definitivamente el aporte precolombino. Aporte de hondura, de gravedad. En cierto modo, en esta hora de descubrir y de descubrirnos, debemos rescatar esa riqueza todavía misteriosa y lejana como un "Oriente" de valores remotos que de algún modo muy indirecto juegan ya incluidos en nuestra cultura y en nuestra idiosincrasia. Los dioses errantes de América todavía buscan su lugar en nosotros.

Furia y grandeza ibéricas

Avanzaban por territorios imposibles. Todavía no se sabe cómo pudieron ni qué fuerza los recorría. Soportaron lo imposible. Ganaron mucho menos que lo que dejaron, la salud, generalmente la vida. Transformaban la fe en su Dios católico en voluntad, sus oscuras culpas en demonios que había que atravesar a lanzazos como hizo San Jorge con el mítico dragón.

Iban acosados por caries, reumas marítimos, melancolías de amor lejano, hongos, mosquitos, flechazos mal cicatrizados, rencores de sentina. Pasaban de las delicias de los mariscos, papayas y langostas caribeñas (el mejor maná que ofrece la no siempre generosa despensa del Señor) a la dieta desesperada del aventurero: gramíneas, gusanos, pájaros crudos, pedazos de cuero hervidos, a veces hasta de botas de muertos. La crónica registra estos atroces banquetes.

Seres estrictamente nietzscheanos, todo lo que no los mataba los hacía más fuertes. No se detenían a pensar que cada día era una hazaña y casi seguramente el último.

Más paganos que cristianos, sabían extasiarse con la belleza de esa tierra nueva. En estos paisajes encontraban la confirmación de Dios: Álvar Nuñez se arrodilla y ordena misa ante la belleza sin par de las caídas del Iguazú.

Cultivaban el ya casi perdido lujo del puro coraje. Cruzaban paisajes lunares como el del Altiplano, o atravesaban las cordilleras más altas por el paso imposible; entre dos puntos no conocían más que la línea recta. Se esperaban años en acimutes imposibles. No se abandonaba al amigo.

La mayoría de estos héroes inconscientes de ser hazañosos cayó en el olvido. Sus nombres están en folios olvidados entre los millones de documentos del Archivo de Indias. A veces ni eso, porque el rol de tropa cayó por el abismo o se lo llevó un golpe de ola. Algunos figuran para siempre en la eternidad de la aventura: Cortés, los Pizarro, Ayolas, Irala, Ponce de León, Valdivia, Cabrera, Garay, Lerma.

Eran recóndita y metafísicamente fieles a Penélopes que los esperarían quince o veinte años sin dudas matrimoniales. Previudas que iban de negro a la misa cotidiana en Trujillo, Úbeda, Vitoria, Lugo, Albacete o Sevilla. Algunos regresarían y les parecería normal volver a ocupar su lugar en la cabecera de la mesa como si nada.

Eran primarios en las cosas del querer. Sentían que más allá de la violación todo se volvía infidelidad para con la amada lejana o mariconería de francés.

Los íberos funcionaron como un verdadero banco reproductor. Entre tantas violencias y efusiones hay que incluir la de haber creado toda una etnia mestiza. Alberto Salas describió como nadie este proceso sin amor en *Crónica florida del mestizaje de Indias*.

A diferencia de otros imperialismos europeos, los españoles despreciaron las almas de los aborígenes por razones teológicas, pero no los cuerpos (con sensatez se adelantaron a los concilios y declararon de facto que las indias eran humanísimas). España fue el único imperio moderno que no se avergonzó ni condenó el mestizaje.

Hoy hay más gallegos en la Argentina que en toda Galicia y más canarios en Venezuela que en las mismas Canarias.

El llamado Descubrimiento (más bien un descomunal "encontronazo") fue el episodio mayor de este Occidente desde el nacimiento de Cristo. Hasta entonces había sido una civilización eurocéntrica, un islote cultural rodeado de tierras u océanos ignotos o míticos. Fue una grandiosa aventura humana que lanzó a Europa al Renacimiento y que hizo pasar al mundo de la parcela regional a la universalidad.

Una España medieval y triste fue sacudida por dos adolescentes terribles y geniales, Isabel y Fernando (18 y 17 años, respectivamente), y por un genovés en el que el místico se codeaba con el arribista desclasado. Desde España, lanzaron el mundo a su Renacimiento.

El Descubrimiento fue apenas un momento de esplendor. El cubrimiento de América, en cambio, ocupó los siglos coloniales. España/Europa no pudo reconocer que se había topado con civilizaciones, con formas de vida complejas y avanzadas, que hacían que el Cuzco y México fueran metrópolis incomparables con aquella Sevilla barrosa, con 150.000 habitantes. Civilizaciones que conocían las matemáticas, el cero, la astronomía, la previsión social (como en el caso de los incas). Los europeos descalificaron desde su visión monoteísta lo que no comprendían. A la hecatombe de dioses —el teocidio— siguió la desaparición de las etnias locales. Como todo imperio, trató de imponer sus propias formas como las únicas válidas. Hecho que también habían cometido los aztecas con los tlaxcaltecas y los incas con los chancas.

Generosos a su modo, los íberos extendieron una prodigiosa administración con democráticos cabildos; viajaron a través de las selvas misioneras para llevar una imprenta o en el páramo inauguraron universidades antes que existieran en ciudades europeas que eran tenidas por importantes.

Nadie puede vengarse del pasado. Debemos comprender la historia en la dialéctica de los horrores y las nobles hazañas. Sólo nos cabe partir con realismo, contabilizando lo positivo y abandonando los resentimientos.

Cada 12 de octubre nos invita a redescubrir América y la hispanidad. Somos el campo de una gran posibilidad. Somos una cultura, un estilo, una idiosincrasia. Esperamos los estadistas que sepan poner en valor estos dones.

Ante la crisis de la sociedad tecnológico-industrial, ante el desamparo de macrosociedades cuyo poderío es material y su vacío humano, Iberoamérica se yergue como una posibilidad de humanismo todavía vigente, como la alternativa de un aporte de calidad de vida que nos puede reconducir de los desiertos que está creando el mal llamado progreso.

Nuestra dificultad mayor no es el mal llamado subdesarrollo; grave es —y en esto incluyo a la misma España— que todavía no creamos en nosotros mismos y en nuestra extraordinaria riqueza humana.

SEGUNDA PARTE
Colonia e Independencia

25 de Mayo, o la "tentación de existir"

Aquella voluntad de existir

Se vivía estupendamente durante la Colonia. Era un país de Jauja, el reino de las proteínas: las vacas cimarronas se acercaban sin malicia, pisando los sembradíos hasta las puertas del aldeón llamado Buenos Aires.

La historia no molestaba, éramos como ahistóricos, previos a la responsabilidad propia. Nos decidían. Se vivía para la mesa, se moría en la cama. El mundo (con su Revolución Francesa, la flota británica, el mítico Napoleón) era lejano y ajeno, como el mundo de los grandes visto desde el Kindergarten. Tampoco nos importunaban la cultura o la metafísica. Dios estaba siempre a mano, entre San Ignacio, La Merced y el Pilar. En la confesión de los sábados, la ciudadanía de Buenos Aires, de Tucumán o de Córdoba quedaba purificada de los pecados de su erotismo primario.

No había en Buenos Aires adulterios inquietantes como en Lima. Ni conspiraciones. Éramos un virreinato tardío y de segunda. El poder no interesaba. Significaba ser empleado del Cabildo. Éramos la periferia remota del Imperio, no existíamos; éramos felices como Adanes antes de la serpiente, antes de la "tentación de existir".

Dicen que la "tentación" llegó como un duende, tal vez teóricamente, en esos libros de Rousseau, Voltaire y Diderot que se leían a escondidas, como pornografía ideológica. Otros hablan de las invasiones inglesas y de ese triunfo militar que nos llevó a la ocurrencia y luego a la febrilidad de querer existir. Tal vez la derrota de Napoleón en España.

Lo cierto es que las sotas se convulsionaron y el sueño ganó la calle. Todo es pasión, invento espiritual. Conocemos los detalles y los nombres. Lo cierto es que en aquella mañana del 25 de Mayo caímos en la historia como huyendo definitivamente del aburrimiento.

Se decidieron a ser, a desafiar. Guiados por un militar cetrino libraron batallas homéricas. Hicieron un camino increíble: apenas cien años después estaban contratando a Caruso para el Colón y recibían a Clemenceau y a la Infanta de España de frac, en el flamante palacio del Congreso.

De la nada habían logrado casi todo lo que hoy tenemos.

Quien retorna a la Argentina después de cierto tiempo, como es mi caso, percibirá un clima de desorientación, de desilusión colectiva. Como si se viviese más la perplejidad ante el fracaso de los sueños economicistas de la última década que el empuje que suele suscitar todo gobierno nuevo.

Las ruinas del palacio imaginario levantado por el otro gobierno caen sobre el actual, que sin embargo parecería resistirse a creer que camina sobre los escombros de una ilusión.

Mientras los argentinos nos resistamos a creer que terminó un ciclo y demoremos el viraje que se impone, estaremos en un limbo o tierra de nadie cada vez más peligroso. Por este camino ya no hay salida. Perdimos la apuesta ingenua de ser tenidos por socios. No hubo un retorno simétrico de Norte a Sur. Ahora la política tiene que volver a ocupar su lugar histórico usurpado, arrasado por el economicismo feroz que ni siquiera dejó lugar para "la moral y las buenas costumbres". Política es conducir, armonizar intereses y derechos, manejarse con astucia en la selva mundial, ser vanguardia de la Nación según nuestra voluntad de vida y de bienestar. La comodidad de sobrevivir en la corriente manejada por otros no nos dio el rédito esperado: somos un país económica, moral y socialmente en crisis. Tenemos que saltar fuera del marsupio como en aquel día lluvioso de 1810 y sacudirnos de esta nueva parálisis colonial.

Fin del ciclo

El Fondo Monetario Internacional tiene en nosotros el espejo de su fracaso. Nos asegura por goteo de dólares no la vida, que es desarrollo, sino la sobrevivencia del enfermo terminal. Si después de ser durante diez años el niño modelo del "modelo", con el país mejor dotado del continente, hemos llegado a tener que usar la cesantía de los empleados del Estado como variable de ajuste, es porque hemos tocado el fondo. A partir de aquí cualquier insistencia no significaría más que una insistencia desesperada.

Aquel Estado que había que adelgazar hoy es un enclenque que no puede cumplir sus funciones esenciales de defensa, seguridad, salud, educación (¡ni siquiera podemos solventar debidamente la fiesta del 25 de Mayo!). Ciertos dogmas de integración hoy nos cuestan la desintegración de buena parte de nuestro empresariado. La atroz deuda eterna/externa hace rato que dejó de ser un episodio de la economía para transformarse en un monstruo aritmético opuesto a toda razón económica, un fatal cáncer extraeconómico y paralizante. Y la desocupación humillante, con su sombría mayoría de trabajadores desempleados, inseguros o amenazados desde cada plan de "reajuste"... ¿Qué habrá que agregar para que se comprenda que éste es el fin del ciclo y que se impone un viraje, una gran convocatoria para evitar la implosión, la explosión o esta larga e indecorosa agonía del inhumanismo mercantilista?

La clase política argentina está asustada. Interpreta honestamente el miedo generalizado. Se impone refundar, crear otras formas de vida. El viraje no debe ser vuelco. No podemos salir de una trampa estrellándonos contra los barrotes. Hay que salir con cuidado, tal vez por el mismo camino de ingreso, pero sin despertar al tigre. Es la hora de responsabilidad para los grandes partidos nacionales, para crear alternativas y el proyecto de los pasos del viraje.

La Argentina está intacta en su realidad de dones y riqueza. Su voluntad de existir es tan firme como la de aquellos fundadores de 1810.

El Mayo de la gran tentación

Proteínas gratuitas y espacio abierto. Era casi un paraíso: si no hubiese sido por el aburrimiento. La protección colonial era total. Teníamos doscientos años de quietud marginal. El mundo era una lejana historia de horrores distantes. Nos manteníamos preservados de los sobresaltos de la cultura y de los abismos metafísicos. Nuestro erotismo era sosegado y matrimonial; más bien el encuentro de dos camisones. El Dios de la iglesia de San Ignacio y de La Merced cubría con sobras los espacios de nuestra breve y segura cosmogonía.

Según los cronistas parecíamos una sociedad de personajes de Botero: una señoría agallegada y rechoncha, como sotas de naipe. Ellas eran más pizpiretas y ambiciosas, pero ya a los veinte años tomaban aires de matronas. Según Concolorcorvo, los perros no eran menos obesos que sus amos y merodeaban jadeando con las patas muy separadas por abuso de las carnes rojas. Cuenta que vio caer un cuarto de res del carro de un carnicero y que nadie se ocupó de levantarlo: hubiese costado trabajo quitarle el lodo.

Después del copioso almuerzo invariablemente de cinco platos (asado de costilla, pollos y perdices, pescado frito, cordero y puchero), sin contar entremeses y postres, los porteños caminaban hacia el Cabildo y desde allí hacia la alameda del Bajo.

Detrás del Fuerte (la Casa Rosada) y desde el alto del roquedal de tosca de la costa espiaban las formas de las negras que lavaban ropa. Observaban el trabajo de los pescadores que arrastraban la red con dos caballos nadadores. Centenares de pejerreyes eran un vibrar de plata agonizante que se cargaría en las carretas de los vendedores.

A veces, en la rada, la novedad de algún gran navío inglés u holandés. Sabían que por la noche bajaría el contrabando: licores, ropa fina, cigarros, cirios perfumados, cuchillos alemanes, escopetas, anzuelos. Y la pornografía: calzones venecianos, álbumes con los dibujos de la doncella dormida y el caballero enmascarado, libros de Voltaire y de Rousseau.

Después, esquivando los pozos en el barrial, volvían para la tertulia en el café de Marco. Hablaban de toros, de los acomodos en el Cabildo, de la arrogancia del virrey, de mulatas y comidas. Luego, la cena en alguna fonda con cocinero francés.

La ocurrencia de nacer

Es sabido que el hombre de Occidente subestima la paz y se aburre en el Paraíso. El fruto del árbol del bien y del mal es una tentación permanente para caer en la historia. El nacimiento físico y el nacer político y metafísico tienen una misma raíz erótica.

Los fracasos militares de los ingleses en las invasiones de 1806 y 1807 despertaron la voluntad de ser y de saltar desde la siesta con camisón hacia la aventura. (Habían probado el sabor perverso de la fiesta de la guerra y de la victoria.)

Los oficiales prisioneros se pasaban el día agasajados por las niñas y señoras de las casas principales. Enseñaban a bailar gavota con contrapaso y minué con balanceo napolitano. Les daban mate con bizcochitos de dulce de leche, y el prisionero, impecable en su uniforme de lancero o de húsar, les iba diciendo cómo es el mundo, cómo se vestía en París, qué significaba Napoleón y el triunfo de su idea moderna de Estado.

Esos jóvenes rubios propugnaban la apertura de mercados y el libre comercio como panacea universal, pero especialmente británica.

En el café de Marco se dividieron las mesas entre conservadores ibéricos coloniales y los que se agregaban al frenesí subversivo de "las nuevas ideas".

Lentamente se encendía el quinqué de la Manzana de las Luces. Los ex alumnos del Colegio de Buenos Aires motorizaban la peligrosa ocurrencia de existir: Moreno, Alberti, Saavedra, Belgrano, Rodríguez Peña, Pueyrredón, Paso. Citaban autores prohibidos. Decían que la colonia era la nada y que la paz sin creación era un opio...

Casi todos eran poetas, sentimentales y periodistas.

Fueron meses de frenesí. La acefalía de la corona y la Junta de Cádiz propiciaban una toma de soberanía que parecía una gestión temporaria. Se disolvieron los regimientos de españoles, y los criollos, con Saavedra, quedaron dueños del poder militar que ayer, como hoy, sigue siendo la clave de todo verdadero poder.

Hay que destacar el entusiasmo de la mujer que por primera vez participó en la decisión política. Los salones de Buenos Aires cobraron la exaltación de un sublime adulterio. Tenía el sabor de una disimulada independencia de España y de transformación revolucionaria.

Entre el 24 y 25 de mayo pasó lo que no sabemos. La huida del temeroso virrey, y los criollos con la novedad de tener el destino de su comunidad en sus manos y con todo el mundo enfrentado. Irrumpían con un sueño que se confirmaría el 9 de julio de 1816: ser una nación independiente y además (y esto era lo insólito si se considera aquel desierto incomunicado de la patria virgen, dominada por el indio y los perros cimarrones) afirmaron que sería una gran nación.

Esa noche, durante los bailes y la fiesta en el Fuerte, nadie imaginaba que tendrían que desafiar a los ejércitos de España que habían vencido a Napoleón ni a la coalición mundial —globalizadora— del Congreso de Viena. Que vencidos los enemigos de afuera por los libertadores, no tendríamos quien nos liberara de los enemigos y de la anarquía interior. Nos esperaba medio siglo de guerras civiles.

Pero la Argentina del sueño, sería.

En pocas décadas la Argentina se definió como el país de mayor progreso de nuestra América latina. Progreso verdadero, sin disociar la cultura y la promoción del ciudadano del desarrollo económico.

Hoy, cuando se quiebra esta fórmula que nos hizo ser, más que nunca sentimos nostalgia por aquel fresco azul y blanco de la bandera de Belgrano que flamea sin mucho viento de patria, sin sol y en pocos balcones.

A pocos años del segundo centenario de aquella patriada fundadora, nos preguntamos si tendremos las ganas, el coraje y la fantasía de querer seguir siendo o si en cambio retornaremos a la siesta colonial (o neocolonial computarizada).

25 de Mayo de 1810, o el llamado del mundo

En aquel día de mayo empezamos a ser. Por cierto que la Primera Junta se constituyó ante la acefalía monárquica en España, y en nombre de Fernando VII. Pero en realidad iniciábamos el camino que culminaría el 9 de julio de 1816 en Tucumán, cuando nos zambullimos de lleno en el abismo, los trabajos y la responsabilidad de una independencia que concluyó en el triunfo vital de esta Argentina.

Algunos escépticos afirmaron que el 25 de mayo fue más bien una conspiración ibérica de comandantes de campaña y almaceneros que querían cambiar algo para que todo siguiese igual. En realidad no había nada concreto o inmediato: Buenos Aires vivía la quietud del atraso colonial. Era una población de tejas con una catedral, un fuerte sin guerras y dos cafés virilmente aromados por los puros, cubanos o brasileños. Las gallinas iban picoteando hasta la puerta del Cabildo. Sin embargo, había gente que susurraba la invitación a la aventura; constituía un mínimo grupo atraído por esa peligrosa pulsión. Moreno, Belgrano, Saavedra, Azcuénaga, Paso, Rodríguez Peña, se llamaban entre ellos "patriotas", no por la vacía patria colonial que tenían, sino por la que imaginaban poder construir sobre el desierto infinito (el mismo Saavedra escribió que los consideraban locos; sabemos que la razón es siempre conservadora).

Buenos Aires era apenas un detalle en la soledad de las costas, apenas unos sesenta mil habitantes, contando los ocho mil negros; pero ya los porteños decían que era más importante que Lima y hasta que tenía "detalles de París". (Tal vez se referían a las moscas de las carnicerías de Les Halles.) Ya se los veía inclinados a un sólido esnobismo que para Borges será la más evidente pasión de sus conciudadanos.

Sensatamente temían los abismos de la libertad, incluso los mismos esclavos, de modo que en 1813, cuando los libertaron a todos como para aparecer como campeones mundiales de los derechos humanos, los negros se sintieron expulsados, desalojados del calor de sus familias propietarias. Melancólicamente fueron emigrando hacia la Banda Oriental y Brasil. Fueron las primeras víctimas de las ideas modernas, de la pasión francesa.

Los porteños

El agudo pintor Essex Vidal escribió que los porteños eran exquisitos en el arte de no hacer nada: "Se cree que la esencia de la nobleza consiste en no hacer nada".

Eran rechonchos y con pantorrillas abotellonadas, como un mazo de barajas compuesto casi exclusivamente por sotas, más bien agallegados y con proclividad a la astucia defensiva y la desconfianza.

Vidal, Haigh, Gillespie y otros dicen que ellas, en cambio, se pasaban de vivarachas. Inventaban bailes por cualquier motivo de festejo, eran provocativas, *allumeuses*, pero huían y volvían en un juego irritante que ponía al pretendiente europeo en un exasperado borde de violación, y cuando esto se insinuaba recurrían airadamente a sus padres, sus maridos o a la autoridad del Fuerte.

Es explicable que ante la paz y el aburrimiento haya brotado la fascinante tentación de existir. Como siempre, los intelectuales y las esnobs (como las Thompson o las Escalada) fraguaron el complot, se pasaban libros con ideas nuevas, que entonces se vendían en la trastienda, como los álbumes de dibujos pornográficos venecianos. Eran obras de Rousseau, Diderot, Laperche, Voltaire, un mal francés que detestaba la Iglesia. Los traficaban los contrabandistas ingleses, que tienen una facilidad casi genética para la profesión. Los deslizaban en cajones con sargas, gabardinas y pecaminosos calzones y enaguas con volados, también de París.

El hacer y el estar

Por un lado, entonces, el partido de la aventura de ser. Por el otro, el de la delicia del atraso: la siesta con rezo; los puros de La Habana; tardes de mus o de toros y moscas ebrias de sangre fuerte; la segura masturbación; un dios de catecismo, dócil como un cuñado; el gaucho como la imagen de la más increíble libertad, esa que casi no se usa nunca.

El 25 de Mayo llegó la gran oportunidad: se filtraron y soliviantaron los tenderos preocupados por la posibilidad de anarquía. Encendieron la escurridiza mecha del hacer. Moreno, Belgrano y los otros inauguraron sin saberlo cien años de sangre, degollinas, cabalgatas heroicas, alambrados progresivos, vacuna, inmigraciones masivas, marcas de ganado y bolsa de valores.

Un siglo después de los tumultos fundacionales de nuestra moderna "historia argentina", el presidente Clemenceau y la infanta Isabel de Borbón recorrían admirados la Avenida de Mayo. Y Tita Ruffo, Le Corbusier, Caruso, Nijinsky y el mismo Einstein, que preguntó al salir del teatro Odeón: "¿Cómo hicieron para sacar de la nada esto que se parece a París?"

Se brindaba en francés en el *paddock* de Palermo. Durante las increíbles fiestas del Centenario, desde el Armenonville, en la noche, sonaban los tangos de Villoldo, Arolas y Bardi.

Y ya a partir de la década siguiente, la Argentina, aquella ocurrencia, se ubicaba como la sexta potencia financiera del mundo, muy por delante de Japón, Italia, España, Canadá o Rusia.

La tentación de existir se había impuesto.

Pero quedó en los argentinos el llamado, la secreta seducción de la barbarie (¡aquellas siestas, las terrazas, los muslos de las lavanderas mulatas en las toscas del río, el espacio abierto hacia la nada!). Sigue viva en nosotros esa profunda e incitante contradicción. Es una callada sospecha rosista de que "progreso" es el verdadero sinónimo de barbarie.

Temo que en el fondo, insensatamente, claro, los argentinos todavía se resisten a ser suizos y que tardarán mucho en alcanzar esta tan constructiva aspiración.

Aquel día en Tucumán y nosotros

Por suerte no fueron sensatos. No creyeron en la evidencia cuantitativa.

No tuvieron en cuenta que en el Congreso de Viena (la Yalta de entonces) las superpotencias repartían el mundo sin considerarlos.

No se agobiaban ante esa España que había derrotado a Napoleón. Contra ella se alzaban con sinrazón ibérica en Tucumán, corazón perdido de esa América remota.

No se agobiaron con los reveses. Eran los meses amargos cuando aquel primer ejército de centauros pobres retrocedía por el Altiplano reseco: Vilcapugio, Ayohúma, Sipe-Sipe.

Había que tener mucha convicción para sentir la derrota como pasajera, como un incidente sin importancia en el océano caudaloso.

No contabilizaban el mal, por eso siempre crecían. Buenos lectores de la Biblia, sabían que el rey David fue reprendido como "insensato" por haber contado sus huestes.

Avanzaban a través de los desiertos hacia Tucumán, desde los cuatro puntos cardinales, con sus levitas polvorientas y sus sotanas zurcidas. Obstinados en sus galeras por aquella Patria agreste que nacía desnuda y desamparada. Iban a los tumbos entre las vizcacheras y seguramente el libro de Rousseau rodó entre las nueces confitadas entregadas con el beso de la despedida. Más de una vez saltarían las páginas del misal y del sabio Samuel se caería en el Apocalipsis.

Sabían que España preparaba la mayor expedición transoceánica que se hubiera conocido. San Martín vaticinaba que de no atacarse a los españoles en los dos años inmediatos, ya no sería posible vencerlos. Ellos recordaban estas cosas con la mirada perdida en el desierto durante las largas horas sin paz de la travesía. Crecían en la amenaza. Iban a la patriada, al puro coraje, a la quijotada. Y casi sin gestos, desnudos de discursos: eran gente de acto grande y palabra breve.

Tierra seca. Polvareda lejana de ganado cimarrón. Batallas de ejércitos de perros hambrientos. Lodazal del litoral: tardes enteras luchando por salir del zanjón. Cielos de tormenta. Solazos rajantes. Amenaza del indio, del puma, de la duda. Postas miserables con agua turbia y un apenas de charqui en la fiambrera.

¡Hacer una patria de aquella heredad infecunda! De aquel espacio que por entonces era sólo desierto.

En esas distancias, hoy todavía poco humanas, el poder político era teoría. La espada parecía hacer trazos en el agua: se imponía apenas el tiempo de asentarse la polvareda del batallón de paso. Luego el silencio de siempre devorando el ruido de los cascos y de las cartucheras sacudidas.

Era la tierra del gaucho bárbaro y errante. Si algo unía era el agua de los sentimientos. Un algo perdido en el aire del tiempo. Un sobrentendido de las miradas, más que de la palabra. Un sobrentendido en el rasgueo de las guitarras, junto al fuego de la posta. Fueron llegando a Tucumán después de los calorones. A fines de junio estaban los necesarios. El 9 de julio declararon la independencia con el laconismo de lo verdadero e irreversible.

Se debatieron entre la monarquía constitucional, que entonces era la forma de gobierno recomendable para vivir internacionalmente, y el retorno al Inca, ambición justa pero nostálgica. Optaron por la república. En todo caso, por la libertad y la democracia.

Se permitieron el lujo de ser y declararse libres. Era la gente que había quemado los instrumentos de tortura y abolido la esclavitud ya en 1813.

El 10 festejaron el desafío. Pueyrredón presidió las ceremonias en su calidad de director supremo. Caminó hasta la catedral y pasó revista a un ejército que todavía no tenía ni tiempo ni dinero para uniformes (cada insignia se ganaba con un acto de coraje). Eran cinco mil gauchos de poncho y lanza de pobre: un cuchillo atado a una estaca. (Cuenta Mitre que a tres cañones de fundición se les llamaba "batería".)

Luego un sarao inolvidable. Los héroes se pelearon por bailar y enternecer a Lucía Aráoz, la belleza mayor de entonces. Intentaron salir a los jardines, hacia el perfume alcohólico de los jazmines, con Cornelia Muñecas, con Juana Rosa Gramajo (tan cercana al corazón de San Martín), Belgrano con su amada y seducida Dolores Helguero. Hubo mucho vino, el blanco suave de Cuyo y el duro y profundo de los valles riojanos. Vals vienés y minué.

Aquellos héroes tenían una vida fuerte de pasiones, ambición, egoísmo, amor, enfermedades, erotismo, desilusiones y sueños. Por ser hombres los seguían y eran comprendidos. El almidón nacional casi nos los propone como "jóvenes del año". Los académicos y los historiadores que nunca montaron a caballo los fueron resecando a su imagen y semejanza hasta tornarlos aptos para el retrato de oficina pública, el discurso obligatorio o el ejemplo parroquial. (Seguramente es para humanizarlos que los chicos les agregan bigotes en el manual.)

El mismo 10 partió Pueyrredón a revientacaballos hacia Córdoba. Llegó en cinco días, un verdadero récord. Lo esperaba San Martín que había llegado en secreto desde Mendoza.

Revisaron los detalles de la pobreza, las dificultades. Pero se decidió el ataque al Imperio. Esa vez se proponían algo más insólito que embestir molinos de viento: cruzar los Andes y atacar.

Otra vez triunfaba la dignidad sobre el cálculo.

En aquella reunión quedó decidida la aventura genial de la liberación de Chile y de Perú. El gigante Bolívar embestía por el norte a la mejor fuerza militar de España.

Ahora todo cambió. La tierra está dominada. El desierto es sembradío. Los aldeones amenazados por los perros salvajes, grandes ciudades. A Buenos Aires se llega en dos horas de avión.

Infraestructura, caminos, sanidad, hoteles, correos, satélites. Y un pueblo apto para lo mejor, donde todavía persisten los efectos del genial esquema cultural sarmientino.

A pesar de todo, enmarañados en la posibilidad siempre mal conducida, 1989 nos encontró desalentados. El traspié nos parece drama. Nos permitimos el inconsciente lujo de equiparar una hecatombe financiera a un bombardeo atómico. Es poco serio: lloramos dentro del Cadillac que no podemos pagar. Ese llanto de algunos es tan poco considerable como el de los tahúres que perdieron en el casino.

Del único subdesarrollo del que nos podríamos acusar es del político. Tenemos todo lo externo y una voluntad pagana de vivir, pero no sabemos ordenar la marcha. Inmaduros, oscilamos entre la exultación vana y la queja aún más que vana, despreciable.

El desierto de ellos ya no existe. Pero ahora la tierra yerma parece haberse refugiado en nuestras mentes. Ésta es la "travesía" que nos toca superar. ¿Temeremos la cultura, la libertad, la democracia que es la verdadera potencia de nuestro siglo? ¿Echaremos todo por la borda porque el rojo del "debe" es muy abultado?

Recordemos a ellos con sus levitas brillosas en aquellos galerones a los tumbos. Con nada hicieron todo (en 1928, todavía por su aliento de gigantes, fuimos una potencia financiera mundial).

¿Es posible que nosotros, que tanto nos jactamos de la patria y de la estirpe, teniéndolo todo no nos animemos ya a nada?

La santa locura de aquellos argentinos

¿Qué era la Argentina entonces? Desierto áspero. Vacío. Espacio sin tiempo. El mundo como el primer día de la creación. Grandes, dulces, terrible ríos del litoral. Pampas húmedas y barrosas en invierno; resecas en el verano ardiente. Salitrales en el Norte, abandonados fondos marinos. El Sur, del mar bravío, de aguas heladas, mercuriales, batiendo los roquedales oscuros. Pajaradas litorales, peces ingenuos, tropillas salvajes, todavía no amenazados por la cruel y utilitaria presencia humana.

A lo lejos, cruzando este mundo del primer día, la diligencia, la "mensajería", con sus postillones transformados en máscaras de polvo ocre, divisando vizcacheras y quebradas. Es apenas un punto en la inmensidad levantando un altísimo cono de polvo reseco, como el humo del vapor en la inmensidad oceánica.

En esa diligencia, a los tumbos, que apuntaban hacia Tucumán entre cardales y el faro verde de algún ombú, de levita y reloj suizo en el chaleco, iría algún fundador de la Patria. Laprida o Boedo, o el cura Oro.

Por la ventanilla de la mensajería mirarían ese espacio como un desproporcionado regalo de la grandeza de Dios (¡tanto para tan pocos!). Y pensarían —ya civilizada y constitucionalmente— en rescatar el espacio abierto, lo enorme, y vincularlo y asimilarlo con el tiempo del hombre.

Había que alcanzar Córdoba, Río Cuarto, La Rioja o Santiago. Luego, con suerte, serían una semana o diez días de tumbos y sed para llegar a Tucumán, con su frescura de huerto, de casas con umbría de persiana larga. Caserones con sábanas de hilo, fuentes con las famosas naranjas, refrescos de limón sutil y caña de azúcar pelada, para que el viajero pueda morder su dulzura.

Esos hombres aparentemente sensatos, capaces de la cita en latín o francés, estaban llevados por una inexplicable locura, seguramente de raíz ibérica, puramente quijotesca.

Se proponían la independencia y la libertad. Fundar la Argentina, las Provincias Unidas. Decían: "Si aquí no hay nada, si éstos son desiertos y potreros olvidados por Dios, y a tres meses de navegación de las potencias civilizadas, nosotros, por voluntad cojonal, haremos aquí una gran nación. Y, como no hay nada, estableceremos lo mejor. Será una nación para vivir y existir, no para sobrevivir sin pena ni gloria".

Nadie puede explicar el origen de tan desmesurado e infundado propósito fundador. No había en esa gente freno de sensatez. No eran pragmáticos ni realistas.

Nadie dijo, en la casa de Bazán de Laguna, donde se reunían solemnemente durante el día y donde bailaban por la noche tomando vino de Cuyo, que el propósito era irreal o carente de realismo o de lógica.

Ni siquiera dudaron cuando se les susurró que estaban condenados por las potencias centrales reunidas en 1815 en el Congreso de Viena (Tayllerand, Metternich) y que se preparaban expediciones militares de castigo en España e Inglaterra.

El "general nuevo"

La duda no fue tema del Congreso, San Martín, el "general nuevo", se reunía en secreto con Pueyredón, no para defenderse de la amenaza sino para atacar con una maniobra militarmente desaconsejada por los técnicos: cruzar los Andes y llevar por mar un ejército y las caballadas al Perú.

El acta que firmó Laprida en primer término, cuando se oían vivas y gritos en el salón de piso de ladrillo encerado, decía que unánimemente habían declarado su independencia ante la faz del mundo, votando cada uno de los congresales "comprometiéndose al cumplimiento y sostén de su voluntad de independencia manifestada, bajo seguro y garantía de sus vidas, haberes y fama".

¿Por qué creyeron en la posibilidad de lo mejor después de haber cruzado ese desierto de polvo y de caranchos?

Habían establecido su voluntad sobre la nada, y en poco más de un siglo en aquellos desiertos se alzaría una nación con una calidad de vida similar a la de las más progresistas de la Tierra. Y aquel aldeón llamado Buenos Aires, donde las gallinas picoteaban por los zócalos del Cabildo y del Fuerte, sería una de las metrópolis más importantes del planeta.

Usted, seguramente en las vacaciones de invierno, viajó con los chicos y alcanzó Tucumán por la autopista General Güemes. Pasó, tal vez, cerca de Yatasto, o entró por Villa Alberdi, que es un vergel, sin saber que eran matorrales de espinillo donde Belgrano "juntaba de día gauchos sobones que se le escapaban por la noche" (para atacar a España por el Alto Perú).

Usted se alojó con los chicos en el hotel de la plaza Independencia. Visitó tal vez con fastidio la casa histórica de los Bazán, reconstruida; tocó la madera del pequeño escritorio, pisó aquel mismo piso primitivo y fresco. Soportó la explicación turística y patriotera.

Quizá debería pensar que usted también es un fundador. Que aquellos desiertos son ahora metafísicos y no menos amenazadores. Usted está igualmente convocado como aquellos personajes de levita, que llegaron a Tucumán cubiertos de polvo blanquecino como máscaras del teatro Kabuki.

Tenemos atroces desiertos de un fin de ciclo: la decadencia del materialismo, la falta de dimensión poético-filosófica, religiosa, el "ser para la nada" de una sociedad de cosas pero con valores muertos. Y la subcultura comercializada a escala mundial, y un sistema de producción aberrante que acabó con la relación del hombre con la naturaleza.

Éstos son sus desiertos. Más peligrosos, arduos y sin duda menos poéticos que aquellos, los de Pueyrredón, Laprida, San Martín y otros padres fundadores.

Ellos y nosotros

Eran quijotes de levita, sotana o uniforme. Convergían hacia San Miguel de Tucumán. Cruzaban un desierto que no puede haber imaginado el manchego. La Confederación Argentina que empezaba a nacer en el corazón de aquellos soñadores empecinados e irreductibles era tierra baldía, *waste land*. Apenas un paisaje lunar situado entre el último día de tarea de Dios y antes de la obra del hombre.

Era el año 1816, que empezaba amenazador: España se aprestaba a reconquistar el espacio perdido por el impacto napoleónico. Una armada de quince mil hombres al mando de Morillo iba a dar cuenta de subversivos que se llamaban Miranda, Bolívar, San Martín y otros.

El Congreso de Viena había restaurado un poder europeo-mundial entre valses, aventuras de *boudoir* y champagne. Talleyrand y Metternich —dos genios— edificaban un nuevo orden mundial. Entre los cristales del salón de Schönbrunn les deben de haber contado de cierta remota conspiración de abogados, curas y militares que aspiraban a un contra-congreso, con vino carlón, cielitos, arroz con leche y locros. Habrán sonreído con suficiencia, porque de esas pampas sólo se conocían los relatos de misioneros o ingleses excéntricos.

Entonces la Argentina era más bien un océano de tierra amenazadora. Ir de Buenos Aires a Tucumán llevaba unos veinte días, siempre que no se topase con barriales o indios levantados. Una legua podía costar todo un día de tironeos con la cuarta. Una carga de muebles, libros o alimentos podía necesitar seis meses de carreta. Las jaurías, a veces de tres mil canes cimarrones, solían atacar las galeras con los ojos rojos como ascuas, enfurecidas de hambre. Eran implacables con cristiano de a pie o con animal enfermo.

Las galeras se amarinaban como naves y se partía entre gritos de postillones, llantos de adiós y ladridos de perros queridos.

Monotonía de sucesivos cardales. Gritos de teros asustados. Noches cósmicas. Pampa húmeda y vacía. Salitrales infinitos. A veces polvareda de potros cimarrones. Estos hombres pasaban las horas de traqueteo tratando de fijar la vista en Rousseau o en Chateaubriand. De un sacudón las hojas saltarían del sosegado Samuel al inquietante Apocalipsis.

El rigor de la jornada no amainaba en la noche de la posta. Se bendecía un catre sin chinches o sin vinchucas que "se inflaban con nuestra sangre hasta adquirir el tamaño de una avellana" (Mantegazza). Un científico inglés anotó que los mosquitos "parecían pichones de langostas marinas" y que sólo era posible dormirse después de la cena (la de ellos, se entiende). Raramente la carne de la fiambrera era fresca y se accedía a un buen asado. Generalmente aparecía un puchero peligrosa y misteriosamente residual, donde se disimulaba entre picantes la carne abombada.

Nuestros almidonados académicos no nos cuentan que aquellos hombres, aquellos fundadores, iban acosados por terribles dudas, dolores de muelas, melancolías de amor, indigestiones, picaduras, pasmos y deudas. Seguramente soñaban un modesto "progreso" de casas con jardín, bibliotecas de nogal, caminos seguros y asados de carne fresca rociados por vino de Mendoza. Ciertamente no pudieron imaginar una consecuencia de autopistas, aeropuertos, silos, comisiones de energía atómica, o suponer que sólo ciento diez años después aquellos desiertos serían la sexta potencia financiera del mundo.

Pobres y solemnes, todos fueron llegando hacia fines de junio a Tucumán. Se repartieron en las casas de familia. Sus huesos doloridos se amodorraron entre sábanas de hilo que olían a alhucema. El 9 fue la gran sesión en casa de Bazán de Laguna. Allí lanzarían su desafío al mundo. Todos respondieron con una sola aclamación cuando el secretario del Congreso, Paso, preguntó "si querían que las Provincias de la Unión fueran una nación libre e independiente de los reyes de España". Fue unánime. Nunca habrá resonado más argentinamente el ¡Arriba, Argentina!

Las copias del Acta fueron expedidas inmediatamente a Buenos Aires y de allí partieron en sobres lacrados hacia las orgullosas cancillerías europeas. Habrán pensado que se trataba de una burla, pero ya Bolívar reanudaba su ofensiva retornando de Haití y San Martín se encontraba con Pueyrredón para definir la estrategia naval-militar más novedosa de la época: el insólito cruce de los Andes y el desembarco en Pisco.

La sinrazón patriótica y genial vencía al sórdido cálculo, a las conveniencias de la mediocridad.

Ahora el desierto, los perros cimarrones, el puma, ya no existen. En las postas está el Automóvil Club u hoteles confortables. Ya no se oye el canto del gallo ni el de las campanas, ni en Buenos Aires ni en Tucumán. Si aquellos fundadores retornasen con sus levitas polvorientas y sus charreteras bordadas por monjas de la caridad no comprenderían nuestras tribulaciones. Esa tristeza de no saber administrar las cosas, de perder rodeados de riquezas. De no tener inventiva ni siquiera para administrar con astucia.

Ellos verían que el único desierto está ahora en el fondo de nuestros ojos. Es el desierto interior. La falta de coraje, de fantasía, de propósito generoso, fundacional. Nuestra eterna queja les parecería pura flojera. Si pudiesen romper ese cristal velado que nos separa de los muertos nos preguntarían: "¿En qué lujo de santidad o de heroísmo están ustedes usando el instante de la vida? ¿En qué grandeza emplean ustedes la maravilla del poder?"

Sentimos en nosotros una sana rebelión contra la decadencia. No nos conformaremos en nuestra generación con seguir perdiendo años en lamentos.

Hay signos saludables de esta reacción que nos une más allá de diferencias partidarias.

No es posible que esos héroes del pasado, que suelen merodear especialmente alrededor de los días patrios, cuando escuchen otra vez el estremecedor ¡Arriba, Argentina! sea solamente por algún gol de nuestro seleccionado en un Mundial.

Cuando el águila desaparece

El señor anciano, el señor argentino, vivía en el piso alto de la casa que le alquilaba el doctor Gerard, en Boulogne-sur-Mer.

Promediaba un agosto fuerte, de calores húmedos. Sólo refrescaba en la alta noche cuando la brisa del mar traía los olores salinos del puerto. La brisa entraba como una amiga y él la respiraba profundamente. Ya no dormía. Permanecía sentado contra las almohadas en la penumbra. Pensando. Recordando. Estaba a solas con su larga muerte. A veces se preguntaba desde cuándo empezó a morir. ¿Desde el fin de aquella tarde en Guayaquil? ¿Desde 1829, cuando decidió no desembarcar e irse para siempre de esa patria que empezaba a preferir la anarquía a la grandeza? Ningún hombre sabe con certeza desde qué momento pertenece más bien a la muerte ni cuándo está ya muerto, aunque siga por la vida.

Hacía mucho que no recibía visitantes. Esa ingratitud lo eximía de tener que fingir preocupación por las cosas reales. La fiesta, las angustias, las glorias, le parecían que no las había protagonizado él sino otro. Eran como de la vida de otro.

Tenía 72 años y estaba casi ciego y ya doblegado por los terribles dolores intestinales. Sabía que los achaques no venían de las cabalgatas terribles a cuatro mil metros de altura ni de las vigilias antes del ataque (cuando el jefe necesita eso que Napoleón llamaba "el coraje de las dos de la mañana"). La enfermedad venía del universo de chismes y calumnias, de la inesperada pequeñez de hombres de los que no se había dudado.

Se quedaba sentado todo el día, esperando los embates del dolor. Cuando ya no los aguantaba llenaba el vaso con agua y volcaba el láudano ya sin contar las gotas. Juntaba fuerzas hasta el momento en que llegaría Mercedes, la hija, y entonces se pararía y fingiría tener energías como para ordenar los libros del estante o pedir agua para las flores. Pero sospechaba que ya no la convencía, por eso ella hizo venir, con el permiso de Rosas, a su marido, Mariano Balcarce, desde Londres.

Lo invaden imágenes perdidas: el resplandor verde y caliente de las selvas de Yapeyú con el portal de piedra de la iglesia jesuítica devorado por las lianas de la irreductible, América. Ese aldeón de tejas, Buenos Aires, y ve al niño que fue, escapándose en el solazo de la siesta de verano, las gallinas tonteando entre los arcos del Cabildo. Ve un teniente coronel, un piano en casa de los Escalada. Las risas de Remedios, Mercedes, Mariquita, quebrándose como cristales en el silencio del atardecer.

Ellas, las mujeres, son las que más retornan. Siguen pareciéndole un misterio. Son las dadoras de gracia y de vida. Extraños seres: su madre, la melancólica Remedios, Rosa Campusano —de las noches triunfales de Lima—, María Gramajo y hasta aquellas gitanas de sus primeras experiencias en sus tiempos de cadete en Murcia.

Hasta hace poco podía ir erguido, con su bastón y su chalina, por la calle de la iglesia hasta la plaza del municipio. Todavía podía comprarse algún cigarro bueno si había llegado desde Perú el demorado giro de su devaluada pensión. El librero, el almacenero, el notario, lo saludaban con respeto. El intendente alguna vez les había hecho saber que era un gran general, que había vencido a regimientos de España que no había podido derrotar el mismo Napoleón. Le decían *le général.*

Antes, cuando todavía podía hacerlo, él mismo iba a encargar carne de vaca que hacía cortar de una forma extraña. Una vez, el señor Brunet, dueño de la Boucherie Chevaline, contó que el general había señalado con el bastón la cabeza de caballo dorada, insignia del negocio, y le había dicho: "No se deben comer los caballos, señor Brunet".

Sería porque en algunas noches sus entresueños se llenan de caballos. A veces son las mulas firmes y astutas, en el terrible frío y en los roquedales andinos, otras son los caballos cargando por el llano, con los ojos enrojecidos, la crin al viento, echando espuma. Le parece oler el noble sudor cuando su asistente retiraba la silla y el mandil y los acariciaba.

A veces tiene la suerte de ser visitado por lo que es para él la más noble de las músicas: el retumbar creciente de los cascos cuando su regimiento azul iba tomando carrera y ya se ordenaba desenvainar sables y bajar lanzas. Si fuera poeta, si no fuera tan reservado, trataría de escribir para retener eso que se siente. Trataría de decir que es algo grande, una exaltación suprema de la vida, como la culminación del amor. Centauros. Los caballos criollos y los granaderos con sus chaquetas que él quiso que fueran las más elegantes, pese a la poca plata que pudo mandarle el abnegado Pueyrredón.

Son amigos inolvidables. Los caballos del combate, los de las infinitas marchas por los despeñaderos, los del triunfo (cuando entró en Lima y encontró la sonrisa de Rosa) o los callados compañeros que lo trajeron desde Guayaquil enfermo hasta su chacra en Mendoza. "Fue más o menos cuando murió Remedios. Y seguramente cuando yo empecé a morir."

¿Cómo puede haber gente que coma caballos?

Bolívar

Si la muerte le duele es por la tristeza en la mirada de Mercedes. Sabe que no es posible, que llamarán al doctor Jackson. Si fuera por él mantendría escondida su muerte. Es cosa de mero pudor: dicen que el cóndor y el tigre se esconden para morir.

Por si viene Mercedes, se esfuerza en sentarse ante el escritorio. Cree adivinar el rectángulo con el retrato de Bolívar, del que nunca se separó en sus viajes. Hace no mucho, cuando todavía podía hacerlo, escribió a un amigo: "Es el genio militar más asombroso que tuvo América".

"Yo estoy de este lado, pero él ya no." Hace veinte años que está muerto. Desde 1830, en que expiró miserablemente corroído por la tuberculosis contraída en las heladas alturas de los Andes. Sin embargo lo siente siempre vivo. Lo ve llegar con su fasto, su huracán de vida, sus impecables oficiales, rodeado de las mujeres más espléndidas. "César tuvo que haber sido así." Lo escucha citando poetas ingleses o filósofos clásicos. Lo ve junto a Manuela Sanz, la maravillosa amazona, vestida con su casaca de húsar con alamares dorados y su cabellera negra cubriendo las charreteras del rango de oficial que ella misma se había dado.

Le contaron que Bolívar murió escupiendo sangre en Santa Marta, traicionado y calumniado por los que habían crecido bajo sus alas. Y le dijeron que la espléndida Manuela fue desterrada y vive, casi como mendiga, en Paita, vendiendo pasteles y tabaco a los marineros que salen de los burdeles del puerto. ¡De mendiga y en Chile!

Seguramente fue Alberdi, cuando vino a visitarlo, quien le contó que Bolívar dijo que había "arado en el mar". ¿Sí? ¿Hemos arado en el mar? ¿Nunca serán naciones civilizadas? Después de la muerte de Bolívar se desbandaron como chicos malcriados... ¿Será la Argentina para siempre una frustración, el eterno retorno del caos y de la incapacidad? Alberdi le dijo que se hablaba "del misterio del encuentro de Guayaquil". Se sonrió en la penumbra. Bolívar creía en la fiesta de la guerra y pensaba que los dioses de las batallas eran dioses fundadores. Después de vencer en la Argentina, en Chile y dominar Perú, él no creía ni en la guerra ni en la independencia para analfabetos y caudillos, cortando a esos tristes pueblos de la conexión con Europa y el mundo. Recuerda al virrey de La Serna en Punchauca y Miraflores. No pudieron crear una independencia con unidad... Bolívar siguió creyendo en la nada militar. Sintió que no podían seguir juntos, eso es el "secreto" de la simple despedida de Guayaquil.

El fin

Escucha voces desde abajo. Parece que el doctor Gerard dice que es el 17 de agosto (él ya no le encuentra significado a los números del calendario).

Sabe que han llamado al doctor Jackson y hace un esfuerzo para llenar la caja de rapé, que le agrada al médico. Entonces siente el zarpazo que sabe final. El tigre que lo acecha desde las fiebres de Huaura esta vez lo venció. Se derrumba en el lecho.

Trató de calmar a Mercedes murmurando que "es la tempestad que lleva al puerto". Se adormece. A veces surgen ráfagas de su filosofía íntima o atisbos del consuelo religioso. Pero nada agregan a su largo silencio ante la muerte. Nada puede rozar su misterio. Tiene la majestad de ese Aconcagua que está viendo ahora nítidamente recortado sobre el azul helado.

A las tres de la tarde siente la paz de entrar en ese calmo lugar donde intuye que no encontrará ni a su madre, ni a Remedios, ni a Sucre, ni al gran Bolívar.

"¿Hemos arado en el mar? No, general Bolívar. Tal vez sea poco lo que hemos hecho, algunas cabalgatas heroicas... tal vez pudimos hacer más. Pero ellos harán el resto y mucho más, estoy seguro. Le digo que América será. La Argentina será, pero después de décadas de idiotez y odio..."

Inocencia fundacional

¿A quién se le podría ocurrir fundar una Nación independiente y orgullosa en esos desiertos? Todo era vacío y amenazas. Travesías quemadas por los solazos en el Norte. Cardales arrancados por el viento en el Sur. Inundaciones litoraleñas. A los tumbos iban las galeras, quebrando ejes y ruedas. Gritos de postillones quebrando la silente parsimonia de un mundo primigenio, prehumano.

Los que convergían hacia Tucumán, que por entonces era el centro entre el Plata y el Perú, eran abogados, comerciantes, curas, criadores, soldados de un ejército casi imaginario, poetas. Pertenecían a la cultura de los hombres de galera y levita empolvada. Por la noche se lavaban y se afeitaban en los aljibes de la posta espiados por el gauchaje huraño o indiferente ante quienes postulaban un progreso que partía la libertad de los campos con alambradas y códigos de propiedad. En esos desconfiados contactos de posta (que solía ser poco más que un miserable caserón de adobe apoyado contra dos o tres ombúes inmemorables) nació una larga dialéctica entre los hombres del hacer y del estar que ocupa —y ensangrentaría— muchos años de la vida argentina.

Alguno de esos ilustrados puebleros recordaría el refinamiento y los mayordomos de librea del hotel Meurice o del Regina o del Bristol-Plaza de París o Londres. Había que tener mucho oficio de posta para sobrevivir a las trampas de los letales pucheros donde el mal y el bien venían intrínsecamente mezclados. Pero el mayor combate era contra las pulgas, chinches y mosquitos de tal tamaño que fueron comparados con "langostas de mar". Antes de dormirse leerían a la luz del candil los libros que oponían a las discusiones de diligencia. Seguramente el cura Oro se enteraría del pecaminoso Rousseau, y el liberal Laprida aprendería en los cánticos del rey David que es insensato contar las armas y tropas que se tienen o no se tienen, cuando se trata de ser... (porque en cada posta venían recibiendo malas noticias del ejército del Alto Perú: Vilcapugio, Ayohúma, Sipe-Sipe).

Desde distintas soledades, aquellos conspiradores del ser se proponían alcanzar Tucumán entre marzo y abril. Tucumán era como una palabra mágica que atraía hacia jardines de azahar y naranja, platazos de arroz con leche fresca servido por las niñas de la casa. Noches de sarao con vals criollo y vino fresco de Cuyo como contracara del otro Congreso, el de Viena de 1815 donde Talleyrand, Metternich y Wellington se repartieron el mundo en famosas fiestas y noches de champagne. La Argentina no decía nada en aquellos salones de Schönbrunn. Aludía esa palabra a unos desiertos mejor conocidos como Patagonia. Después de las manías libertarias despertadas por el vencido Napoleón, los poderosos del mundo decidieron que esas tierras debían ser restauradas a favor de España y del subrepticio comercio inglés.

Tucumán no los desilusionó: los molidos fundadores fueron repartidos en las casas principales. Se recuperaron entre sábanas de hilo criollo perfumado con lavanda, en una niebla de mosquiteros de tul.

Como sabemos, el 9 de julio proclamaron en la casa histórica que serían, contra viento y marea. Y que no sólo querían ser sino protagonizar una gran nación. Velaron armas con un gran baile celebratorio. Se hablaba de una nueva estrategia. San Martín era el general nuevo en que todos confiaban, capaz de imponer a su tropa las más duras disciplinas. Fue él quien dijo a los congresistas que había que movilizarse de inmediato, en dos años ya será definitivamente tarde para pretender ser.

Conocemos el resto de la historia: el país se organizó después de medio siglo de cabalgatas, luchas enconadas y batallas de ideas. Pero los fundadores se salieron con la suya, cumplieron con el verso de su himno, hacer surgir a la faz de la Tierra una nueva y gloriosa nación. En solo el tiempo de un siglo, aquel desierto "pegado a la Patagonia", se contaba entre las naciones más fuertes y creadoras. Muchos descendientes de los orgullosos congresistas de Viena viajaron para tentar suerte o salvarse de desastres en aquellos páramos que tanto habían despreciado sus abuelos de 1815. Magias de la historia. Triunfo de la pura voluntad.

En cada 9 de Julio sentimos que esos fantasmas de los fundadores retornan. Deben sobrevolar las autopistas y las ciudades con sus levitones empolvados. Se deben perder, asombrados, en los negocios de electrodomésticos de la calle Congreso, por los nuevos edificios de la plaza Independencia, o ante la iluminación de la Avenida 9 de Julio y Corrientes. Tal vez sientan que el progreso de las cosas ha sido mayor que el de la calidad espiritual y el coraje de sus descendientes. Tal vez.

Quizá se asombren de una Argentina con tanta gente lábil y confiada en la supuesta bondad de los productores de ideas mundiales, los actuales herederos del eterno Congreso de Viena...

Tal vez los fundadores querrían señalarnos los desiertos que nos rodean y las renovadas jaurías cimarronas que pareceríamos no querer ver. El peor desierto. Los desiertos metafísicos de la nada y del sinsentido. El desierto del nihilismo globalizado, envasado en una forma estéril de vida, donde la droga cumple la letal función de válvula de escape para una juventud sin valores, sin convocatoria, sin leyenda, sin héroes. Mecida en la estupidización audiovisual comercialmente globalizada.

Esos maravillosos fantasmones de nuestro pasado deben asombrarse de ver decaer nuestras ganas de ser. Año tras año nos ven vivir las fiestas patrias sin fiesta, sin fervor, sin banderas (ni la de los mástiles y balcones, ni las otras, las de adentro). Hemos creado una subcultura ingrata y olvidadiza.

TERCERA PARTE
Nuestra actualidad

La Argentina y los temas de nuestro tiempo

Nuestra rebeldía y el mundo

Si fuera verdad que los argentinos se destacaron más bien por su talento individual, por su voluntad de vivir en tono mayor (y por algunas barrabasadas desconcertantes), de la misma manera se podría decir que la Argentina es un país atípico en el panorama internacional. Si se acepta con Jünger que la rebeldía es la premisa del ser, hay que reconocer que la Argentina más bien vivió y afirmó su presencia como una rebeldía frente al "discurso internacional dominante".

Desde el arranque hemos sido un país indócil. La Corona y la Iglesia apenas podían con esos poblados perdidos entre las pampas y travesías. La civilización allí se tornaba teoría. Los decretos y las bulas se esfumaban en un silencio de leguas de pajonales. Esos espacios abiertos, lo abierto, protegían a todos. Paradójicamente, el desamparo amparaba. La nada no resiste. En cambio, los incas y los aztecas, civilizados, fueron vencidos prontamente por una civilización militarmente superior. No es extraño que estas tierras hayan producido al gaucho mestizo étnica y culturalmente, como puente ambulante entre el mundo de la civilización y el de la barbarie. Anarquista por antonomasia, anarquista existencial.

Lo abierto liberó hasta a los españoles que en América se sintieron salvados de la España estamentaria y represiva de su tiempo. Ellos comprobaron que los temibles espacios eran sin embargo también la libertad. Ya con los conquistadores se produjo lo que más tarde se repetiría con las sucesivas corrientes inmigratorias: en la Argentina (en América) empezaban a ser aquello que no podían ser en el mundo civilizado del que provenían. En la barbarie del mundo abierto resurgían las cuerdas de una hombría percibida o sepultada en los seres más postergados y humildes. Esto explica que hayamos empezado a perder respeto y hasta a desconfiar de esas "potencias centrales" y de esa civilización que se erigían como modelos del mundo. Creció en nosotros esa especie de seducción de la barbarie (como la definió con tanta profundidad y originalidad Rodolfo Kusch) y que tanto preocuparía a Sarmiento. En la tierra amábamos la libertad, la posibilidad abierta. Empezamos a vivir irracionalmente algo mucho más fuerte que un mero nacionalismo.

Ante la "civilización" desarrollamos una actitud doble y contradictoria: por un lado, imitación y autoelogiosa admiración del origen europeo; por el otro, sabotaje, nostalgia de lo abierto, la ambigua conducta de Cruz y Fierro, a los que se les cae un lagrimón cuando abandonan los caseríos de los que desertan. Esto se relaciona directamente con nuestra ambigüedad internacional.

Históricamente seguimos dos impulsos. Uno fue rebelarnos para ser, ante un mundo civilizado que nos "ninguneaba" o nos programaba para un papel de segunda. El otro, la quijotada rebelde de ocurrírsenos querer ser una nación de primera. ¡Nada menos que una alternativa para el agotamiento europeo! Sólo los Estados Unidos, en el Norte, se habían propuesto algo semejante.

De entrada nos dispusimos para lo grande. El himno que cantamos sin mucho meditar en su letra es uno de los más inmodestos del mundo junto con el alemán, con su famoso "Alemania, Alemania, sobre todos, sobre todos en el mundo". Nosotros nos decimos: "¡Cooronados de gloooria vivaaamos o juremos con gloria morir!" Decía Shakespeare que es mejor para la vida tenerse en alta estima que subestimarse... (¿Qué quedaría de los argentinos si perdiésemos ese impulso poético, ese motor de confianza y descendiésemos al sórdido mundo de las estadísticas actuales?)

Lo cierto es que la rebeldía es la constante de nuestra historia. Es como una determinante genética: revolución e independencia que fueron no sólo un alzamiento contra España sino contra el orden mundial instaurado por Metternich y Talleyrand en el Congreso de Viena. Después, las guerras de la independencia encabezadas por aquellos genios militares que fueron Bolívar y San Martín, considerados dos meros rebeldes con la cabeza puesta a precio por Europa. Después, Ortiz de Rozas y Artigas. Más tarde, Roca expulsando en 24 horas al nuncio apostólico por haber opinado sobre nuestra ley de enseñanza laica y obligatoria. Luego, con Yrigoyen, un neutralismo justo y valiente pese a las presiones de los bien pensantes del mundo "civilizado".

Esta conducta la repiten en la Segunda Guerra Mundial los conservadores y los militares de la revolución del 43. Dos años después, cuando los Estados Unidos emergen como la superpotencia de Occidente, lanzamos el "Braden o Perón" famoso. Y en la posguerra nos enfrentamos a la opinión mundial rompiendo el boicot contra España. Regalamos cereal cuando los bien pensantes de Occidente pretendían castigar a Franco por su alianza con los nazis hambreando al pueblo español, nuestra España. Décadas después esa misma pasión por la independencia llevaría a un ministro ultraconservador de un gobierno militar a no plegarse al boicot cerealero contra la Unión Soviética.

Apenas enumero algunos hitos de una conducta atípica para un país que las potencias centrales habían programado para la dependencia. Muchos se inclinan a pensar que este orgullo nacional carece de realismo. Hay que tener cuidado con los lugares comunes en política. Para evaluar este punto habría que ver el crédito que obtuvieron aquellos hermanos de América que en ambas guerras se doblegaron a la presión enviando miles de sus soldados a la muerte...

Somos un país occidental y europeo por origen y cultura, pero que se pasó toda la historia diciendo no a Europa y a "Occidente".

No nos debe extrañar entonces que las principales figuras de nuestra mitología nacional sean rebeldes, desde el padre San Martín hasta Facundo y Martín Fierro (nuestros mayores símbolos literarios). Y Alem, Yrigoyen, Roca, Guevara, Evita. Hasta Santos Vega...

Como hemos señalado en la breve enumeración, en distintas circunstancias, sean conservadores, radicales, peronistas o gobiernos militares, hemos identificado el orgullo nacional con la rebeldía ante el discurso internacional dominante (y presionante).

La quijotada creadora

La más sublime rebeldía fue la quijotada de nunca habernos imaginado un destino convencional, de país del pelotón. Hay algo patéticamente grande, inexplicable, casi misterioso, en la determinación de aquellos graves y empolvados caballeros de levita que en el verano de 1816 cruzaron desiertos y llanos para reunirse en Tucumán. Molidos por los sacudones de las galeras, indigestados por los atroces pucheros de las postas, aterrorizados por la nube de perros cimarrones que amenazaban las caballadas.

¿Qué pasó, qué secreta visión o fe los iluminaba? ¿Qué presentían, qué habían visto en los desiertos? Si no hubiesen sido rebeldes no hubiésemos existido. Sin esa fe para la quijotada no hubiésemos estado en las primeras décadas del siglo XX entre los diez países más avanzados.

En esta Argentina desteñida por el escepticismo y la emigración juvenil e intelectual, en la Argentina de la autodescalificación maléfica transformada en lugar común de las conversaciones, conviene recordar el espíritu de la quijotada creadora. Ojalá sepamos rebelarnos, no ya por ser ni por haber sido, sino para seguir siendo. Para saber poner en marcha esta maravillosa máquina de vida que se llama Argentina.

Qué triste destino sería para nuestra generación no saber hacer lo menor después de haber heredado el esfuerzo mayor.

Ahora que perdemos aquel ímpetu de fundación, deberíamos convocarnos a un renacimiento, como aventura y misión generacional. Hoy la Argentina se desvanece y está en nosotros salir de la anomia y volver al orgullo de no perder lo que parecería ya que no merecemos heredar...

Hablando de la decadencia de su Rumania natal, Emile Cioran escribió en su exilio de París: "Las naciones sin orgullo ni viven ni mueren. Sólo la pasión podría liberarlas de su destino monótono. Pero se llega a un punto en que ya ni hay pasión..."

El bombo en la Argentina

Una de las observaciones que puede hacer quien después de mucho haya retornado a la Argentina es la de un generoso incremento en el uso del bombo.

Esto es un hecho que contradice lo que podía suponer quien hubiese pensado que la restauración democrática, que es sustancialmente el retorno al diálogo, sería el comienzo del fin de la presencia del bombo en la vida política argentina.

Por lo contrario, el bombo fue ganando espacios insospechados y hasta amenaza con volverse endémico. (Algunos periodistas de calificativo fácil a veces hablan de la "presencia de los bombos tradicionales".)

Señalan las estadísticas locales que es el instrumento musical más vendido después de la guitarra que es su opuesto dialéctico: el vehículo tradicional de nuestras bucólicas melancolías.

Cuesta calificarlo como instrumento musical. Está en el borde, casi al punto de exclusión de esa refinada familia de objetos donde hay apellidos como Steinway o Stradivarius.

Es el único instrumento que no exige aprendizaje alguno. Es para analfabetos musicales, niños, y hasta lelos. Cualquiera puede deleitarse con su son inmediatamente después de haberlo comprado. (No se conoce ningún Scaramuzza del bombo.)

El bombo (del latín *bombus*, ruido) tiene un desempeño modesto, marginal, en el conjunto orquestal. Logra su apogeo en Wagner y en algunas sublimes exaltaciones beethovenianas.

Con el auge mundial del jazz fue incluido como centro de la batería, pero más bien con la tarea de peón: sostener los platillos y los varios tambores. Se le agregó un pedal con martillo. Se estimó que no merecía la precisión de la mano. Ésta debió ser la mayor desilusión de su vida.

Lo cierto es que en cualquier orquesta es el antípoda del piano, de los bronces finos, de los violines. (Cuando el "encargado" del bombo falta, el *régisseur* no se hace mayores problemas, hasta puede sustituirlo con alguna sobrina solterona.)

Sin embargo es necesario en la orquesta. No se puede omitir su lugar en algunos *tutti* famosos. Pero lo grave es cuando puede abrigar sueños de solista. Me resulta imposible imaginar un concierto para bombo y orquesta; pero estoy seguro de que si en algún lugar se escribe, será en la Argentina.

Sin querer herir susceptibilidades, hay que decir que antes de ingresar en las grandes sinfónicas como estable, el bombo tenía hecha una larga carrera militar. Diríamos en la suboficialidad musical del ejército. Pero aquí tampoco ocupó el lugar marcial del tambor ni el puesto del trombón en la charanga. (Si con alguien podría hacer buenas migas, pese a todo, sería con el trombón, que seguro lo esnobea por eso del bronce.)

En el desierto, las legiones usaban el sonido profundo del bombo, por carencia de metales para hacer campanas. Al tambor le tocó señalar el paso de la infantería en el avance, al clarín el heroico toque de carga de caballería. Durante siglos, incluso en los ejércitos de nuestra Independencia, se usó el bombo para la triste tarea de convocar a los vencidos a reorganizarse en la retaguardia. (Muy probablemente venga de aquí la famosa frase de "ir al bombo".)

Bombo y política

Tal vez todos estos hechos fueron haciendo del bombo un resentido, un marginal dentro de la vida social de la orquesta. Max Scheler fue uno de los que destacaron la importancia del resentimiento en la vida política y social.

Lo cierto es que el bombo decidió afiliarse. Dejó atrás las murgas de carnaval y la cancha —su modesto hábitat de otrora— y entró de lleno en la política.

Sin pensar mal se podría aceptar que tal vez se agregó, en un comienzo, a la fiesta de un populismo, en la tradición del candombe y del carnaval de comité. Pero después, con los años, se fue volviendo fascista. Dejó de ser el gordo divertido e inocentón de la farra y pasó a ser no un medio para festejar sino más bien el instrumento para acallar a los otros. Descubrió que su vozarrón era ideal para tapar, para pasar por arriba las palabras.

Sartre alguna vez definió al fascismo diciendo que era esencialmente el desprecio del otro. El bombo es ya entre nosotros el medio guarango de "tapar al que razona". Es el instrumento del antidiálogo.

De una afiliación originaria pasó a otras. El radicalismo y otros partidos de derecha, centro e izquierda, ya lo aceptan. Al principio habrá sido con vergüenza, después ya pretendieron sentirlo como algo natural. Muchos doctores y personas que postulan la razón y la eficiencia hoy suben al palco del orador y se sienten honrados por la cortina atronadora de bombos. (Si hubiera, por ejemplo, una triple fila de violinistas húngaros acompañando las cancioncitas partidarias, se considerarían fracasados, echarían sin miramientos al jefe de la campaña.)

Es un hecho que el bombo niveló hacia abajo. Lo que no pudo conseguir en la orquesta lo consiguió en la política. Es casi el símbolo de toda la desdicha política de nuestro país: el irresistido pero resistible ascenso de los mediocres.

Hoy el bombo se volvió pluralista, transpartidario, interclasista.

Es que los políticos y el estilo escenográfico de la expresión política argentina parecen haber renunciado a toda originalidad. Todos los políticos —incluso los pálidos intelectuales que privilegian el populismo, careciendo del indispensable *physique du rôle*—, parecen soñar con un único arquetipo. Aspiran a Plazas de Mayo repletas y afónicas donde sus apellidos tengan la honra de ser ritmados por una barahúnda de bombos.

Tal vez estábamos predestinados a esta costumbre: basta ver el perfil de la provincia de Buenos Aires a la altura de la bahía de Samborombón.

Pero hay algo que suena mal en la sinfónica política argentina.

Con fondo de bombos no puede haber debate serio sobre los angustiosos temas que nos deben convocar a todos, sin exclusión, casi para una tarea de salvación pública.

Una democracia multiplicadora de bombos suena peligrosamente mal. Es como si el lelo de la orquesta hubiese logrado finalmente, a fuerza de gritos, dominar a los violines, la nobleza de los bronces y hasta la sutileza solitaria del piano.

¿Somos un país de gente seria?

Mi amigo J. W. Kilkenny acaba de volver a Europa después de una estada de dos meses en nuestro país. Es irlandés, necesariamente anarco-conservador y consultor contratado de la OCDE. Viaja, observa, charla y seguramente cuenta en sus informes confidenciales la marcha de los países que visita. No es un impresionista locuaz, de esos que parecen querer fundar una sociología de viajero sobre el curioso caso de los argentinos (Ortega, Naipaul, Keyserling, Sorman, Touraine y tantos otros más o menos afortunados discurridores sobre nuestra suerte y destino). Siente por la Argentina el placer de reencontrar cierta alegría de un mediterráneo desplazado nueve mil kilómetros. Ya es ducho en pasar las horcas caudinas de Ezeiza sin dejarse robar por los remiseros; sabe que Buenos Aires alienta muchas trampas levantinas, pero se consuela pensando que hay algo de cruza ideal: una Europa periférica sabiamente aliviada por el estruendo napolitano, una ciudad casi tropical donde uno encuentra a veces el discreto frío de Milán.

Estamos en un café de Praga, como defendiéndonos de la eterna niebla, con la mirada en los adoquines húmedos. Kilkenny enumera delicias porteñas, piernas en el mediodía del verano, sándwiches de miga, noches muy charladas en una vereda de Libertador, vinos tintos, una parrilla llena de periodistas y mujeres bonitas, los ja-ca-ran-daes... (Me mira triunfalmente, para él es una victoria no enredarse en esta palabra que cree indígena.)

Luego se remonta a una evocación de los grandes ríos, el espacio abierto que nos hace sentir que la vida —a veces asfixiante— podría renovarse en lo abierto, como la ilusión de Fierro y Cruz cuando se largan al desierto en aquella alborada inolvidable.

En Buenos Aires hay una inquietud frívola que a Kilkenny le resulta divertida. Se refiere al cotidiano desayuno radial, con las catástrofes y chimentos con que nos asedia el múltiple gorjeo de la patria locutora. "Claro, en Europa uno no podría encontrar un ministro posado en cada punto de la FM, peleándose, contradiciéndose con sus colegas o con el mismo presidente... Es un país divertido, eso sí... Claro que la diversión eterna, incesante, podría ser también una forma de infierno...", borgea.

Su alabanza no es tan unánime como en otros años. Me dice: "Uno se pregunta por qué les cuesta tanto a los argentinos pasar de su no común inteligencia individual a la inteligencia comunitaria más elemental: me refiero incluso a las cosas mínimas: no tirar papeles en la calle, no chocar el auto del otro al estacionar, no pasar arrastrando las latas de la despedida de soltero frente al hospital..."

Kilkenny reconoce, como Ortega, Mitterrand o Clemenceau, el talento argentino. Es algo bastante comprobable, desde el mozo que memoriza doce platos con sus variaciones de jugosidad hasta los científicos de la Comisión Nacional de Energía Atómica, pero esto torna aún más inexplicable el extraño freno, la ineptitud para la inteligencia comunitaria, hecho que nos está desviando hacia el vacío de una democracia sin república, no participativa. Y a una libertad sin responsabilidad cívica, sin civismo. La política se nos transforma en un carrerismo casi deportivo cuya meta es el poder (o mejor, el puesto público) sin que exista dirección moral, programática, patriótica. Nos estamos acostumbrando a ver a los políticos como protagonistas de una eterna, frívola, cuadrera electoral (con todas las astucias y trampas de los *pur sang* de provincias).

Nuestro Parlamento es irrisorio, sin debate, movido por lo peor de la democracia que es el totalitarismo sordo de las mayorías.

Éstos son los peligros que por primera vez advierte Kilkenny. En este viaje ya la viveza porteña no lo fascinó como otras veces. Reconoce, como le dije alguna vez, que la viveza es algo así como muestra gratis de la inteligencia, un valor enano, antisocial.

"Pero es un país divertido", reitera Kilkenny. Y me cuenta algo que pasó durante su visita y que juzga muy significativo: "Mientras yo estaba, el jefe de los pederastas confesos increpó al cardenal primado y amenazó con procesarlo... Es algo que sólo podría haber pasado en tu país: la confusión entre las razones personales y la falta absoluta de tino, del mínimo buen sentido... se trataba de un cardenal. Y lo curioso, para mí sorprendente, es que ese desatino no causó mayor estupor ni reacción".

Es a este autocontrol o buen sentido al que los franceses se refieren cuando hablan de "seriedad", de ser o no ser serio. Es un valor muy sutil, indirecto, que no merecería ser descuidado. Un país cuya conducta haga sonreír al ser evocado, corre el riesgo de pagar muy caro y muy largamente su desprestigio.

Los hombres de la Generación del 80 y los consecuentes conservadores hicieron un gran esfuerzo para afirmar el concepto de la Argentina como nación seria (a veces hasta nos pasamos hacia lo solemne y lo almidonado). La educación sarmientina fue el arma indispensable. ¿Podría ser internacionalmente confiable un país no serio por más que haga esfuerzos extremos en organizar su macroeconomía y su cuenta de pagos externos, a la vez que tira por la borda el equilibrio y el respeto institucional y el empeño creativo que distingue a la Argentina?

El problema educacional depende prioritariamente del ejemplo y del estilo de la clase política toda. También son directos responsables quienes manejan ese poder tan total y peligroso que son los medios masivos de comunicación audiovisual.

A través de los comentarios de Kilkenny, incondicional amigo de la Argentina en lo profundo, puedo intuir que nos vio ganados por lo chabacano, por una peligrosa algarabía impúdica que nos desabrocha a los cuatro vientos.

"Hay algo como de mucho... Algo de... ¿cómo se llamaba aquel tango de la Biblia, del calefón, del boxeador Primo Carnera...?"

Me hago el distraído buscando con falso empeño las veinte coronas para pagar el café en el cambalache de mi bolsillo.

Nuestros ídolos mundiales: Gardel, el Che, Evita, Borges & Cía.

Tal vez porque los argentinos provenimos de tantas mezclas y quebraduras étnicas e históricas, pese a nuestra lejanía austral y rala población hemos producido algunas importantes figuras de la galería de mitos contemporáneos.

En el mundo del deporte mundial bastaría señalar sólo dos hombres conocidos *urbi et orbe*. Maradona y Fangio (sin olvidar al creador de la escuela futbolística, Di Stefano, o lo que significa el nombre de De Vicenzo para todos los iniciados del golf del mundo).

Es en la literatura donde hemos proporcionado la figura más relevante en las movidas aguas de las letras del siglo: Jorge Luis Borges, que alienta escritores de todas las lenguas. Hasta ahora es el argentino con más trascendencia e importancia actuante de nuestra historia. Borges se formó en la imagen de alta poesía y de privilegio de la alta literatura que enseñó el gran Lugones.

En la música el tango sobrevive a todos sus competidores. Pero es como un personaje de sus letras: va cuesta abajo hasta quedar anclado en París o en Tokio, el lugar de su última reencarnación. Es un corpus de melancolía mundial, que se reparte entre el chic decadente y la compadrada arrogante del bandoneón. Su ídolo fue Carlos Gardel.

En el campo de la política mundial nadie recuerda a nivel popular el apellido de nuestros presidentes (los violentamente militares o los buenazos de la democracia).

Pese al relieve que cobró el general Perón (conocido mundialmente por las más contradictorias razones), sin duda alguna la fama del apellido se la llevó Eva Perón, Evita, y más recientemente, el Che Guevara.

Estas tres figuras, Gardel, Eva y el Che tienen en común haber vivido en forma breve y brillante, pero los destaca y los une el haber tenido finales trágicos. Esto es importante para quien quiera ser ídolo: la vejez termina enmoheciendo el recuerdo del apogeo.

Sabato se burló, alguna vez, de los parsimoniosos suizos, recordando la leyenda de Guillermo Tell. Este es un héroe mediocre, sólo cantonal, por haber acertado a la manzana perversamente puesta sobre la cabeza de su hijo. (Esta exactitud tal vez funde el éxito de la afamada relojería helvética.) Si hubiese errado, la comedia se habría transformado en tragedia. El héroe es trágico o se lo olvida. La tragedia está en la base de la cosmovisión judeocristiana, que padecemos o gozamos...

El secreto existencial de Eva

De los tres mitos, Gardel es ya el menos interesante y sobrevive exclusivamente en la esfera latinoamericana. Es un ídolo del pueblo, plebeyo en el sentido estricto de la palabra. No se le conocen odios, pasiones o convicciones. Nos dejó su maravillosa voz-tango. Algo único. Gardel no pretendió saltar del humildísimo surco de su clase. Su triunfo es exclusivamente el de su arte. En cambio, los dos mitos políticos de fama mundial cruzaron a través de las clases sociales. Ambos surgieron o encarnaron lo que Max Scheler llamó "política del resentimiento".

Fueron rebeldes hasta la última consecuencia. El Che se alzó contra su clase, invadió el proletariado y quiso identificarse hasta con los indios de la selva boliviana. Es el mito revolucionario por antonomasia: su rostro con boina y barba es un logo que identifica tanto a los zapatistas de Chiapas como a los grupos subversivos palestinos.

Eva, Evita, tenía un origen social opuesto al del Che, como sabemos. Su aventura (no militar) es tan fascinante como la de Guevara, y conlleva una nota feminista muy revulsiva para la época.

Desde su fuga de Junín, a los quince años, para "llevarse por delante el Buenos Aires de los machos", como alguna vez dijo, su carrera es increíble: poco más de una década después será recibida por Franco y un millón de personas en la plaza de Oriente; su audiencia con Pío XII, el papa Pacelli, tendrá ribetes inusitados. Y con Bidault, Auriol, De Gasperi, Roncalli, el general Marshall...

Coco Chanel la juzgó *overdressed*, pero con una indiscutible elegancia natural. Serge Lifar la vio sonreír mientras un chico que levantó llenaba de caca su blusa de Jacques Fath.

Evita embiste contra la oligarquía, pero elige como campo de batalla el Colón, donde se presentará con aquel increíble vestido de Dior...

Los argentinos tenemos hacia ella juicios muy cercanos: de santificación o de indignada vituperación. Llegó el momento de verla más allá de la política y del convencional esquema de odio o de amor.

Habrá que hacerlo con la distancia y el compromiso íntimo con que Sarmiento pudo acercarse, fascinado, al atroz y único gaucho Facundo.

Hoy Eva es un mito mundial. Un carácter, como se diría en inglés, de una de las más intensas, fulgurantes y breves aventuras humanas (y femeninas) del siglo XX.

Con todos nuestros defectos e incapacidades, algo debemos de tener los argentinos para producir tantas figuras de primer plano mundial.

Sabato habla de quiebra cultural, racial, histórica. Los países de las zonas de quiebra suelen producir especímenes raros, mutantes, a veces monstruosos y también a veces insoportables.

Gulliver y los enanos

Elio Jaguaribe, el importante sociólogo de Brasil, calificó a la Argentina como "el país inexorablemente condenado al éxito". Enumeró lo que sabemos: riqueza territorial, el mar más rico, petróleo, climas, población, raza, talento creativo, vitalismo nacional, nivel de educación. Señaló que incluso tenemos condiciones más favorables que extensas regiones de Italia, España, Portugal, Grecia y el centro de Europa, que padecen el lastre de una cultura campesina.

Todo esto lo sabemos, pero se torna un doble peso, casi en culpa. Los argentinos sentimos que vivimos en el negativo de una foto que nunca termina por aclararse. Una misteriosa imposibilidad nos frena. Nos sentimos como un Gulliver atado por hilos invisibles. Misteriosos enanos nos amarran, nos impiden ser. Tenemos nostalgia del hacer. En los años 20 ya eran famosos nuestros cirujanos e investigadores. La universidad argentina exportaba conocimientos y técnicas e importaba investigadores europeos. Ya desde entonces Buenos Aires empezó a ser una de las diez o doce ciudades que segregan un alma profunda. Hoy lo es, todavía...

Tal vez desde la desdichada caída de Illia, hace cuatro décadas, venimos arrastrándonos. Los episódicos repuntes económicos quedaban aislados en una constante caída moral.

Nos fuimos transformando en un país de tenderos afligidos, de dolaristas apesadumbrados, de quinieleros a siete días vista. Los gobernantes se acostumbraron a reptar detrás del crédito para poder pucherear dos o tres meses, los empresarios prefirieron la especulación. Toda forma de escepticismo ante la suerte de la Nación se transformó en fuga de capitales, en especulación a breve plazo y en robo. Rematamos el orgullo nacional y sólo en los pocos días de la guerra de Malvinas se sintió una vibración unitiva.

Es como si un secreto morbo nos paralizara. El problema es más cultural que económico: faltan personalidades. Carecemos de orgullo, de espíritu de grandeza, de fantasía creadora. Aceptamos dócilmente la descalificación del mundo exterior. Los que acababan de ejecutar a seis millones de seres en los hornos, los que se pasaron cuarenta años de dictadura franquista o mussoliniana nos dieron lecciones y reconvenciones de todo tipo. Los que hasta ayer nos mendigaban una visa nos trataron de subdesarrollados en los foros internacionales. Una clase des-dirigente lacaya aceptó sumisamente los cargos. Hoy es un lugar común aceptado aquí y allá. Perdimos el orgullo de Nación y el sentido del Estado.

La "patria locutora" y la prensa amarilla sustituyeron a los estadistas y políticos con dignidad e inventiva. Nos venden una imagen del mundo errónea en la que siempre ocupamos el lugar del incapaz o del culpable. El mundo del bien y de la felicidad es siempre el de los otros. Nos transformamos en un país de emigración filosófica, errada. Los jóvenes se van del país creyendo que van a poder ser en otra parte.

Mientras tanto, en pocas décadas estamos desmontando lo que queda de nuestra mayor riqueza, el esquema educativo sarmientino. En nombre de la libertad de comercio hemos sustituido la magnífica educación nacional obligatoria por el comercio educativo. En nombre de la libertad de los bolicheros de la educación paga estamos liquidando el origen de nuestro poder como nación y de nuestra distinción como pueblo entre los pueblos.

La Argentina en el panorama mundial

De Norte a Sur hay libertad de comercio y de mercado, de Sur a Norte hay un abrupto sendero lleno de barreras y de un intervencionismo estatal destinado a excluir nuestra producción. No podremos ir adelante si no se vence esta hipócrita anomalía. La ruptura Norte-Sur será en el futuro tan lamentable como la Este-Oeste. A nuestros liberales (generalmente atrasados muchos años en su información del mundo) les cuesta reconocer que casi nadie es liberal en la defensa de sus intereses. Muchos son gente de buena fe, como es de buena fe quien vende la Biblia a la salida del burdel.

Estos años son cruciales para nuestra diplomacia. Estamos ante el peligro de que el Norte nos patee al fondo de la historia, como está haciendo con África negra. Debemos impedir con astucia esta criminal tentación de los representantes de la civilización universal. El paso más importante de nuestra parte ya se ha dado y se llama Mercosur. Si Brasil y la Argentina se afirman mutuamente tendrán la suficiente fuerza negociadora para vencer la pulseada. Si aflojan estarán perdidos. Brasil es la octava potencia industrial del mundo y la Argentina uno de los cuatro mayores exportadores agrarios. Tenemos autonomía nuclear. Tenemos petróleo, acero, inteligencia, sensibilidad, ritmo. Sabemos vivir mejor que muchos supuestos civilizados.

Con Mercosur y con una sólida *entente* política con Brasil podremos desarticular el cinismo de esa Unión Europea que con subvenciones nos desplaza de sus mercados. Por otra parte, lograremos que Estados Unidos desista de su triste destino regresivo de gendarme al estilo de los tiempos de Teodoro Roosevelt. Se los ve tentados de provocar un desastroso desenlace de sangre en Cuba (para restablecer agencias de turismo, burdeles y la llamada democracia). En su ignorancia muchos políticos no comprenden que ese principio debe ser sagrado para todo latinoamericano y que su contenido no tiene nada que ver con derechas o izquierdas. Si avasallan Cuba en nombre de la ideología, mañana arrasarán con la autonomía de Colombia o Bolivia por las drogas.

En política no se puede consentir con la "razón del más fuerte" en ningún caso. Las ovejas que se creen aliadas del lobo son las primeras en ser devoradas.

Nuestro nivel imaginativo y moral bajó alarmantemente. Desde Buenos Aires, verdadera caldera del diablo, se difunde una vida frívola, chillona. Entre la audiovisualidad infame y el indigesto desayuno cotidiano que nos brinda la patria locutora, hemos perdido la paz del alma y pensamos cosas pequeñas, mezquinas. Para ser un país serio debemos dignificar esta subcultura audiovisual que gana todos los espacios, y que, como el idiota de Shakespeare, sólo reparte "sonido y furia". En un país tan aislado del mundo es imprescindible buena información.

En esta materia, como en otras, ocurre que confundimos el liberalismo, que se creó para potenciar la libertad y la vida, con la simple ley de la selva y el descontrol. Para redimensionar el Estado terminamos destruyéndolo, desprestigiándolo en todas sus funciones. Es lógico que una clase política sin doctrina, sin dimensión religioso-poética y sin cultura, termine en el bartoleo. Desde los 90, por ejemplo, estamos peligrosamente metidos en el totalitarismo economicista. La reorganización económica tendrá que ser una etapa y no el valor supremo, el nuevo dios.

Lo cierto es que no podemos entrar en el nuevo siglo con un nivel de dignidad, de seriedad y de pasión inferior al que tuvimos en las primeras décadas del anterior. Después de Perón estuvimos destruyendo la educación nacional sarmientina en nombre de la libertad. Nuestra clase política sin duda no tiene la grandeza patriótica de los hombres del 80 y de los conservadores. Y ahora hasta estamos echando por la borda los aportes sociales del peronismo que crearon la verdadera base de toda democracia económica en nuestro país. Debemos frenar inmediatamente esta tercermundización social de la Argentina. La dura reorganización económica no tiene necesariamente que ir acompañada de una cínica indiferencia ante el costo social. Ésta es la diferencia entre el liberalismo y el liberalismo-estalinista que el Norte recomienda al Sur, pero que no aplica en sus tierras.

Después de la quiebra económica y moral del 2001, el peronismo gobernante no supo movilizar al país para superar la cristalización de las llagas de la pobreza y la exclusión que se produjeron. No supimos absorber a la clase media degradada ni evitar la caída cultural de millones de jóvenes y desocupados.

La Generación Renacentista

Pese a todos los datos de decadencia, nuestro pueblo está intacto y están intactas nuestra riqueza y capacidad creativa. Ni siquiera se produjo la necrosis cultural que podía temerse después de tantos lustros de hambrear maestros, frustrar investigadores y relegar poetas. ¿Qué hacer para tener en el futuro la posibilidad de elogiar una Generación Renacentista como lo hacemos con aquella mítica, de 1880?

Consolidar una democracia fuerte, nacional, en oposición a la democracia boba, desarmada, a merced de los ladrones partidarios y que considera la defensa de los intereses nacionales y el orgullo patriótico como "rémora de militarismo". Hay que insuflar valores nacionales en la democracia precisamente para que nadie tenga nostalgia de dictaduras. Los partidos nacionales deberán extirpar rigurosamente esa cáfila de carreristas sin dimensión moral ni fantasía que transforma a nuestra clase política en motivo de vergüenza, en algo que dista años luz del nivel de talento y clase de la Argentina en casi todas sus expresiones. Si los politiqueros no saben ejecutar esta indispensable depuración surgirán a corto plazo candidatos independientes que barrerán con los partidos y esto no será precisamente para bien de nuestras instituciones.

Poder Judicial y SIDE. Es indispensable potenciar el Poder Judicial, respetar las sentencias inexorablemente y crear un sólido control de Estado. La amoralidad creciente de quienes están en el sector público y privado lo exige. La SIDE, corrompida durante años de caza de brujas y de terrorismo ideológico, tendrá que ser organizada como el FBI y los servicios alemanes para que todo funcionario o ladrón público o privado se sienta observado y pueda ser castigado. Hoy el delito "paga" porque hay impunidad. La SIDE debería depender de la Corte Suprema de Justicia para su mejor funcionamiento y control.

Recrear el aparato educativo. Prioridad de prioridades. La Argentina se distinguió solamente por causa de la educación sarmientina, única clave de su modernidad, de su milagro que hoy se oxida. El Ministerio de Cultura, Artes, Ciencias e Investigación tendrá que ser el centro de todo renacer. Se necesita más decisión y mucho más dinero.

Fuerzas armadas nacional-continentalistas: después de la pesadilla del militarismo volcado a la política interna es necesario devolverle al factor defensa el lugar que ocupa en todo el mundo. Hay que organizar un ejército orgulloso de sus objetivos, técnico, dotado del armamento sofisticado que nuestra capacidad e inventiva puede brindarle. Hay que crecer juntos con Brasil y todo el Mercosur en este sentido. La "justicia internacional" sólo se ejerce sobre el cuerpo de los débiles y desarmados. Mercosur sin armas sería como un gigante de peluche, un tigre de papel con dientes de cartón.

Consolidar el saneamiento económico. Seguir adelante, sin desfallecimientos, pero movilizando a la Nación y convocando a los jóvenes a la solidaridad y al creativismo.

Todos tienen que saber cuál es la duración y el sentido del sacrificio que soportan. Hay que controlar la frivolidad porque es un verdadero cachetazo en el rostro del pueblo. Hay que explicar el plan y convocar, negociar. Resortes como el del PAMI, el ANSES y toda forma de solidaridad deben ser alentados con pasión y compasión. No sería sensato curarse de la enfermedad económica al precio de un incurable cáncer social.

El país está entero de cuerpo y alma. Espera ser convocado para algo grande. Cuando se lo llame con el lenguaje correspondiente se encenderá, crepitará como un pajonal reseco. En nosotros todavía no está muerto el sentido de poesía, de grandeza, de heroísmo. No queremos ser mediocres ni pasar por la historia preguntando por la cotización del dólar. Queremos la imaginación de Sarmiento, el orgullo de Roca, de Pellegrini, de Yrigoyen, de Perón. Las agallas de Evita.

Cuando la Argentina arranque nadie la parará. Seremos la maravillosa máquina de vida que alguna vez se admiró y fue la esperanza para tantos europeos. Pero nada podrá hacerse mientras la runfla politiquera, adueñada del puesto público y de la caja, frene la democracia real.

Hoy nuestro opresor, nuestros enanos de la mediocridad, están ocultados por elecciones correctísimas, pero surgidos de la manipulación previa.

La xiristocracia argentina

La xiristocracia es una forma particularmente nociva de la política. Es una enfermedad que puede afectar tanto a las democracias como a las tiranías. Ni Platón ni Aristóteles, que definieron otras patologías políticas (como la demagogia, degeneración de la democracia, o la oligarquía, perversión de la aristocracia) se ocuparon de esta enfermedad sutil que a veces, como en la Argentina, puede parecer endémica.

Xiristocracia es el gobierno de los mediocres. Xiristós (*tó xiristós*) quiere decir en griego "lo malo", por extensión, incapaz, lo mediocre, lo feo.

Si se acepta el neologismo, serían los mediocres encaramados en el poder, más allá de su legalidad o ilegalidad. Cuando los gobernantes o la llamada clase política no están a la altura de la inteligencia, las posibilidades, tradiciones o legítimas aspiraciones de sus connacionales, se cae en xiristocracia.

Desde hace años muchos tenemos en la Argentina la seguridad de ser afectados por este pernicioso síndrome. Ya no nos resulta aplicable eso de que cada pueblo tiene el gobierno que se merece. Desde el más humilde obrero hasta el empresario, pasando por la clase media estoica, somos los protagonistas de una eterna guerra nunca declarada, pero cotidiana, hecha de tarifazos, carestías, trampas financieras, apagones rentados por el usuario, sádicos trámites burocráticos, inestabilidad de valores, inseguridad. Los xiristócratas son nuestros verdugos.

Vivimos en democracia. Pero también es cierto que el día se nos llenó de dictadores privados: el del mostrador del trámite, el del colectivo, el de la patota suburbana. Inscribir un hijo en un colegio, exportar clavos o reclamar por una factura (oficial) sobrevaluada nos pone ante el sufrimiento, una violencia privada y cobarde que los xiristócratas, desde sus alturas, fingen desconocer.

Quien retorne al país después de muchos años, como es mi caso, sentirá que nuestro mayor mal es el hastío colectivo que se origina seguramente ante el muro de incapacidad impune. Uno tiene la sensación de que el país está ansioso, como un caballo de carrera atado por error a un carro. Esto creo que se nota más en los jóvenes. Hay una especie de indiferencia e indefinición de quien parece estar haciendo tiempo, esperando que nos llegue por fin la convocatoria y la posibilidad de demostrar las capacidades individuales sin tener que irse, para eso, a otro país. Se mira con un enorme bostezo el festín político en que vivimos, donde raras veces se mueven ideas de fondo, donde nunca se arriesga ni talento ni fantasía.

Parecemos un pueblo que está a la espera de una convocatoria a la altura de su voluntad de grandeza. Y nadie nos convoca: los xiristócratas pretenden seguir demorándonos en el chisme.

Hay un resto de salud en nuestro escepticismo: es una señal inequívoca de que pese a todo está viva nuestra mejor fibra.

Esto es lo que no comprende el xiristócrata, que está por debajo de las expectativas de su eventual clientela. A él sólo le preocupa lo electoral y ocupar el puesto, no el poder (el poder es posibilidad de amor y creación; la voluntad de poder es una de las fuerzas más nobles de la condición humana). Nunca como una fiesta plena, una orgía creativa.

Con los años se va sumiendo en cierta aflicción característica: es la que corresponde al que sabe que dejó pasar el tranvía de la historia, dedicado a trucos electorales, preservando la famosa "imagen", que no es más que eso, imagen, juego de luces y sombras carente de contenido real, estricta apariencia. Ni San Martín, ni Sarmiento, ni Alberdi se preocuparon por la imagen. Cuando les tocó el poder lo jugaron con toda grandeza, se quemaron hasta desaparecer en la pobreza, la vituperación o el olvido. Pero sabiendo que "habían sido lo que debían ser".

Cultura y poder

En pocas partes hay una lejanía tan evidente entre la inteligencia, generosidad y fantasía media del pueblo con la capacidad e información del mundo de los gobernantes como ocurre en la Argentina.

Sarmiento, como al pasar y como sin proponérselo, fue el prosista más fuerte y revolucionario que dio la literatura hispanoamericana de su siglo. Mitre era un lector incansable (basta recorrer su biblioteca), fue un historiador minucioso y un hombre de letras capaz de traducir a Dante. (¿Habrá algún dirigente actual que haya leído a Dante, aunque fuese en la traducción de Mitre?)

Bolívar, desde un perdido poblado de los Andes peruanos, escribe a su librero de Londres encargándole libros de filosofía, historia y "esos poetas nuevos, Shelley y Keats".

Porque no subestimaron la cultura pudieron imaginar un mundo libre y crearlo a golpe de fantasía, desafiando todas las dificultades y todos los desiertos.

Estamos ante una nueva etapa de nuestra vida política. La queja y el desánimo son justos, pero son sentimientos negativos a los cuales los argentinos solemos apegarnos con cierta delectación autodestructiva.

Democracia no es solamente un ejercicio electoral. Significa más que nada participación. Hoy, participar es salir de la queja y rodear a los candidatos del nuevo ciclo con nuestros reclamos y preocupaciones. Los conductores muchas veces se hacen, pueden surgir como el producto de una situación límite, y esto es lo que vive nuestra Argentina. Debemos exigirles que respondan como estadistas y no como administradores de una tierra devastada donde lo único que quedaría por "administrar" sería un Estado desastroso y una empresa privada desanimada. Ese Estado —tradicional refugio de la xiristocracia— debe ser redimensionado y transformado en instrumento de poder y de autoridad, elementos imprescindibles para poner en funcionamiento un país que vive el destructivo anarquismo del sálvese quien pueda generalizado. (Democracia no es sinónimo de debilidad.) Todos sabemos nuestros males. Todos nos hemos quejado hasta el hartazgo. Pero todos sabemos también que las fuerzas básicas están vivas, ya no dudamos de que la Argentina es una máquina maravillosa que no acertamos —todavía— a poner en marcha.

Seis vistas sobre el tango

1. El tango

Como es sabido, surgió en el Río de la Plata, en los suburbios de Montevideo y de Buenos Aires, hacia 1880, como mutación de temas europeos y de ritmos negros. La milonga —palabra de origen africano— fue su madre.

En su origen fue cosa de hombres: rufianes, cuchilleros de comité, cultores de un infantil —primario— culto del coraje. Los compadritos, los malevos.

Bailaban para divertirse, en las veredas, inventando figuras traviesas. Festejaban cuando algún "corte" o "quebrada" salía bien. Era un tango diurno, juguetón, callejero. Villoldo, Saborido, Arolas, Vicente Greco, son los grandes creadores de la época.

Estos malevos esperaban la noche mateando, comentando hazañas de cuchillo. Vivían del proxenetismo, que consideraban un derecho natural sobre la mujer que habían atraído.

Eran extremadamente coquetos. Al atardecer cepillaban cuidadosamente sus trajes. Planchaban la raya del pantalón hasta dejarla filosa como hoja de cuchillo —generalmente usaban para hacerlo una botella de agua caliente—. Se ponían un clavel o jazmín del país en el ojal y salían con sus botines negros lustradísimos, contoneándose sobre los tacos altos, angustiados por evitar salpicaduras de aquel fango de suburbio.

El tango quedó para siempre unido a estos personajes, a este origen.

2. *La mujer del tango*

En aquel medio donde el tango nacía había un maniqueísmo sexual ortodoxo: estaban la Madre y la Hermana. Las demás, todas putas o poco menos.

La mujer servía para una cosa sola. No contaba para la amistad ni para la vida, que era cosa de machos (andar mucho con o entre mujeres era —paradójicamente— señal de mariconería cierta).

Sin embargo, se necesitó la mujer, y el tango la encontró en el primer "interior" que conquistó: el prostíbulo. Desde entonces todo buen bailarín de tango nos da la sensación de que ya poseyó a su partenaire (nunca parece estar conquistándola o festejándola). El tango es siempre algo que viene después.

Muchos tangos de la época hacen referencia a los prestigios y la cotidianidad de la vida de burdel: "El Choclo", "Dos sin sacar", "Dame la lata", "Abrí que me estoy mojando", etcétera.

Dice José Sebastián Tallón, que es uno de los que más supieron sobre aquellos tiempos del tango: "No se olvide que los suburbios vivían una época de lujuria y de violencia demenciales".

3. *Las piernas del tango*

Ella: medias de seda y falda con tajo que subía bien muslo arriba. Zapatos de taco muy alto.

Él: pantalón bombilla, muy estrecho, botines muy lustrados, también de taco alto, que entonces se llamaban "a la francesa".

Observa Martínez Estrada con su ojo de pastor luterano: "El tango es el baile de la cadera a los pies. De la cintura a la cabeza el cuerpo no baila... Su mérito, como el matrimonio, está en lo cotidiano, en lo usual sin sobresaltos... El tango tiene la seriedad del ser humano cuando procrea. Ha fijado esa seriedad de la cópula, parece engendrar sin placer".

Desde el comienzo hubo dos direcciones. Una es ese tango activo, fiel a la alegría de los primeros tiempos, que permite el lucimiento de modestos creadores que buscan componer figuras y exhiben habilidades en pos del aplauso. Es el tango con "cortes", un poco carnavalesco y que tiene amplia recepción turística y comercial actualmente.

El otro tango —grave, profundo— es el que lleva el porteño en el alma y es más bien una forma de caminar lenta, rea, compadre. Hay sensualidad, pero sobre todo una densa nostalgia, como una onda que los cuerpos siguen entrelazados sin mayor esfuerzo, como algo totalmente natural. No hay ninguna preocupación por lo exterior; los bailarines están volcados el uno al otro, aislados, como dentro de una naranja de Hieronymus Bosch. Y aún más: cada uno baila para adentro de sí mismo. Este tango no es presexual, sino postsexual. El bailarín no es molestado por la incomodidad del deseo.

4. El bandoneón

La alegría del tango-milonga se ejecutaba con violín, flauta, guitarra. En algunos lugares de disipación nocturna para ricos, como "lo de Hansen", parece que se agregó el piano.

No en los prostíbulos, como alguien afirmó, porque éstos tendían a ser municipalmente serios: estaba terminantemente prohibido el alcohol, el baile y "salivar" en el piso.

Hasta que llegó —o desembarcó— el bandoneón y se incorporó al tango sin pedir permiso a partir de 1905.

Fue el arma mayor que necesitaba el tango para su hambre de nostalgia. Para "trabajar" el pasado, el ayer perdido, la infancia, el barrio abandonado.

Mientras que el acordeón es una infame pianola para gringos, para trasmitir alegrías primarias o bastardas; el bandoneón, inventado por el alemán Band, conservó hondura de catedral gótica.

Toda la desilusión y la melancolía del Buenos Aires inmigracional encontró en él su voz.

Había pocos bandoneones y se legaban de maestro a discípulo. Su aprendizaje tiene el carácter de una iniciación.

Es "el instrumento". El tanguero lo cuida como al hijo. Al amanecer, cuando llega a su casa después de haber tocado en el cabaret o la milonga, lo pone arriba del armario lejos del alcance de los chicos, como un revólver, un ánfora etrusco o un álbum de fotos pornográficas.

Si alguien puede decir que respira y canta el alma de los barrios rioplatenses, es el bandoneón.

Sin él el tango carecería de gravedad.

5. *Troilo*

Quizá desde Eduardo Arolas, hijo de vascos franceses que empezó tocando en la cantina "La Buseca" de Avellaneda y murió en París protegido del aguacero por su auto Sunbeam de lujo y su hembra de alquiler, ningún bandoneonista fue tan importante para el tango como Aníbal Troilo ("Pichuco").

Le tocó crear y ejecutar un nuevo lenguaje. Un tango de melancolías, de ilusiones perdidas. De noches, barrios y novias caídos para siempre en el ayer. Y los cantó identificado con Homero Manzi, el mayor poeta de la música de Buenos Aires.

Nadie como Troilo supo extraer del bandoneón su máxima posibilidad de bronca y de ternura.

Como Arolas, Bardi, Julio De Caro, forma parte de ese estricto club de quienes supieron revolucionar desde adentro, desde la esencia del tango, sin desnaturalizarlo con tecniquerías de prestado.

6. *Gardel*

Parece que nació en Toulouse en 1890 para convertirse en el máximo mito (y realidad) del tango cantado.

Tuvo el don, el ángel, de lograr que la letra más estólida cobrase valor en su voz y sobre todo en su estilo. Sabía bajar el tono para evitar lo demasiado patético y con una sonrisa y un trémolo saltaba sobre lo cursi, que abunda en las letras de tango.

Aunque cantaba con un extraordinario timbre de voz y tenía un afinado sentido musical, lograba transformar los tangos en un diálogo íntimo. No cantaba, decía. Cada oyente podía sentirse destinatario exclusivo de la pieza.

Fue ídolo popular al menos para tres generaciones de rioplatenses. Mito para quienes no lo vieron y lo siguen por los discos que se repiten en todas las radios de Hispanoamérica.

Su tipo humano coincidió con la ambición —callada o manifiesta— surgida en la desilusión de los hijos de inmigrantes.

Fue la imagen del porteño triunfador, con todas sus buenas y malas cualidades. Vida rumbosa, generosidad. Telas inglesas, viajes. Invariablemente un chambergo y una sonrisa grande traicionada por una pena final, por el recuerdo de una infancia oscura y triste que no se quiere ni se puede traicionar.

Fue, es, el Cantor (por antonomasia) del tango.

Lejanas batallas del tango: Santa Sede, febrero de 1924

Los archivos de la Cancillería y de la Secretaría de Estado Vaticano conservan los detalles de aquellos curiosos hechos. Reconstruyámoslos. A las nueve de la mañana del 1° de febrero de 1924, Casimiro Aín ("El Vasco" o "El Lecherito"), pálido y seguramente un poco aterido (invierno), sale del hotelito de la vía Torino que le reservara la embajada y sube a un taxi. Lleva una modesta valija con los elementos esenciales: botines abotonados, pantalón de fantasía con trencilla, chaqueta negra con vivos, lengue de seda japonesa y un puñal de madera que le parecerá conveniente no agregar al atuendo. Lleva puesto el invariable gacho gris arrabalero, de cinta ancha y ribete negro en el ala.

El representante argentino ante la Santa Sede, embajador García Mansilla, había obtenido una audiencia especial del papa Pío XI para una exhibición de tango bailado, entonces reprobado por la Iglesia y por muchos sectores de la vida social argentina, no sólo católicos.

Aín era un profesional mentado (había sido contratado por el Jockey Club de Buenos Aires para los festejos del Centenario). En el curriculum vitae presentado a la Secretaría Vaticana obviamente se omitió su actuación artística en las "casas" de Madame Blanche y en la de la Negra María de Nueva Pompeya.

El Lecherito fue recibido por un capitán de la Guardia Suiza y conducido por los monseñores hacia la biblioteca. Seguramente, sintió en ese momento todo el horror en el que lo habían metido.

No es difícil imaginar que vestirse de malevo, a esa hora de la mañana y para presentarse ante el Santo Padre, de acuerdo con su esquema de referencia, le debe de haber parecido tan duro como comparecer ante el comisario de la primera con los bolsillos atiborrados de anotaciones de quiniela. Debió sentir que todo aquello era como la antesala del infierno o por lo menos del purgatorio.

Del vestuario pasó a la sala donde el Santo Padre estaba rodeado de dignatarios de uniforme y chaqué. No se había invitado a señoras, por las dudas.

Se puede imaginar que García Mansilla le hizo un guiño porteño para animarlo en aquel atroz trance.

Dicen que Pío XI, desde su trono, con voz baja pero dulcemente autoritaria, sólo murmuró: "Avanti, figliolo. Procedi".

El Vasco hizo una seña al conventual maestro del Coro Vaticano que había sido convocado para ejecutar en el armonio aquella música que tal vez fingió desconocer. Se oyó el dos por cuatro del tango "Ave María", de "Pirincho" Canaro. Fue la composición de título más piadoso que se pudo encontrar en una lista de piezas donde los mismos son, digamos, *non sanctos*. El mismo Canaro tenía algunos más bien laicos, como "Rascarme la rabadilla" y "¡Qué fideo!"

Era difícil desencadenar el verdadero tango en esas circunstancias que frenaban desde la travesura hasta el canyengue.

Con sabiduría diplomática se había decidido que El Vasco no bailase con la alemana Peggy, que era su compañera profesional en sus actuaciones en el cabaret El Garrón de Montmartre. Hubiera sido una garrafal imprudencia diplomática que García Mansilla no cometió. Su compañera, estirada y despreciativa ante aquel malevo exótico, era la señorita Scotto, que se desempeñaba como traductora en las oficinas de la embajada. Por supuesto que nada de pollera con tajo y de zapatos de taco alto. La falda de la señorita Scotto, azul oscuro, llegaba más abajo de la media pierna, como la de las monjas holandesas de ahora.

Con toda seguridad, dadas las circunstancias, lo que salió fue un tango deshuesado. Se omitió el ocho, la sentadita y otros acercamientos peligrosos, que además la señorita Scotto no habría tolerado. Aín escondió, como pudo, los secretos demonios del tango.

Todo contoneo quedó extirpado de raíz. El tango aquel quedó como un remoto arquetipo, una "idea" platónica contra la cual ni el Papa ni sus más preocupados monseñores habrían encontrado argumentos condenatorios. Era un tigre sin dientes. Una bataclana con atuendo de monja.

Desde entonces, las acusaciones clericales contra el tango carecerían de respaldo teológico: el Santo Padre le regaló al Vasco Aín una medallita de plata con la imagen de Nuestra Señora de Loreto. Debe de haber disimulado una sonrisa indulgente ante la sobreactuada corrección del Lecherito.

El Papa demostraba más tolerancia con el tango que el juicio puritano que éste mereciera en más importantes pensadores argentinos de la década del treinta: Lugones y Martínez Estrada. Para el primero era una simple "obscenidad, coreografía de burdel". Y escribe Martínez Estrada en la *Radiografía de la Pampa*, a diez años de aquella pericia vaticana: "No busquemos en el tango música ni danza, aquí son sólo dos simulacros. No tiene las alternativas, la excitación por el movimiento de los otros bailes, no excita por el contacto casual de los cuerpos. Son cuerpos unidos que están, como en el acoplamiento de los insectos, fijos, adheridos... Es lo que precede a la posesión concertada, pagada".

Por suerte Pío XI no vio nada de estas cosas que incrimina nuestro gran moralista independiente. Presumo que la universalización del tango debe de tener una gran deuda con la señorita Scotto.

El tango y París

Estiman los especialistas que el tango se definió como música autónoma, desprendiéndose de sus influencias, la habanera, el candombe, la milonga criolla, hacia 1890.

Tangos como "El Choclo", "El Entrerriano", "El Porteñito" son de la primera década del siglo.

Es increíble la rapidez con que se difundió el tango en París en aquellos tiempos felices de escasa velocidad de información y comunicaciones. Ya en 1907 la orquesta de la Guardia Republicana de Francia grabó varios "cilindros" de cera con tangos para la venta por encargo de la tienda Gath y Chaves. Es en ese año cuando los pioneros desconocidos llevan un germen del que París no se desembarazaría fácilmente. Prende con tal fuerza que ya en *Le Figaro* del 10 de enero de 1911 se puede leer: "Lo que bailaremos este invierno será una danza argentina, el tango-argentino... es graciosa, rítmica y variada".

Pero pronto se conoce en París el prostibulario origen del tango y se inicia la polémica. (En Inglaterra, victoriana, no ingresa en ningún salón aristocrático o burgués. En muchas ciudades alemanas directamente se lo prohíbe por resolución municipal.)

De modo que París, cuando aún el tango era música prohibida en Buenos Aires y Montevideo, se consolidó —desde los inicios— como la tercera capital del tango. Es difícil explicarlo. Madrid y Roma, las capitales de nuestras masivas corrientes inmigratorias, fueron tan impermeables para el alma del tango como Varsovia o Toronto. "Ivette", "Francesita", "Mimí Pinsón", "Anclao en París" o "El Marne" son algunos de tantos títulos que certifican el parentesco parisiense. (Nos costaría imaginar títulos como "Piazza Navona", "El Manzanares" o "Anclao en Valencia".)

Un documento precioso y extenso sobre los primeros pasos del tango en París fue publicado en la revista *Renaissance Politique, Littéraire, Artistique* del 10 de enero de 1914. Allí explican con lujo de detalles algo que los estudiosos argentinos desearían conocer y es un poco el "eslabón perdido" de la conexión del tango con Francia: "Es en el elegante salón Magic City (en la Gare d'Orsay) donde el tango argentino se presentó por primera vez, importado por auténticos argentinos con su carácter de originalidad curiosa y un poco salvaje. Estos iniciadores cuyos nombres ya no se recuerdan fueron sustituidos por arribistas e impostores". Luego explica que las orquestas que a partir de allí difunden el tango por todos los *cafés-concerts* y *thé dansants* de la ciudad están compuestas por patéticos gitanos con violín, mandolina y acordeón. Estas *orchestres tziganes* fueron las que mal o bien lo hicieron imponer como indiscutible en todos los ambientes mundanos o elegantes. Se robaron el tango de aquellos pioneros que seguramente son los enviados para efectuar las primeras grabaciones con la Guardia Republicana. (Arolas, creador fundamental del tango, viajó por primera vez a París en 1920, directamente importado de la cantina "La Buseca" de Avellaneda y del burdel de Bragado, en el que había formado un famoso trío con Tuegols y Zambonini. Su influencia es muy posterior.)

¿Quiénes fueron los pioneros que Robert Hénard, el autor del estudio citado, desconoce? Son nada menos que Alfredo Gobbi y Ángel Villoldo, el autor de "El Choclo".

El triunfo del tango es total en esa década. Hasta hay un *couleur tango,* un *apéritif tango* y un *tango champagne.* Aparecen álbumes dedicados a Mistinguette y el tango. D'Annunzio se ve en caricatura bailando tango sobre un plato de maccarronis. Las críticas a la supuesta procacidad aumentan peligrosamente. Al punto que el poeta y académico Jean Richepin lo considera tema importante como para una reunión solemne y conjunta de los inmortales en la Académie de France y hace un extenso alegato en favor del tango como expresión folklórica y transprostibularia. Lo presenta como producto del alma popular. La defensa tuvo mucha repercusión. Desde entonces el tango pasó a la legalidad en Francia.

La esencia de esa música, su nostalgia, su sensualidad coincidieron con ese París de brillante decadencia, con esos *Tiempos iluminados* que describió Larreta. Era la música para ese fin de siglo que agonizaría hasta 1914. Coincidía con el lujo de aquellos argentinos, rodeados de espléndidas mujeres con largas boquillas, que obsesionaban al Louis Ferdinand Céline del *Viaje hacia el fin de la noche.* Con distintas alternativas, desde la presencia de Gardel con bombachas de seda (de gaucho húngaro), muy peinado a la gomina y cantando en el cabaret Florida, hasta las orquestas de Pizarro, de Bachicha y el actual retorno triunfante, el tango tuvo una presencia constante en París.

Su último retorno, tan triunfal y con más repercusión internacional que el de 1914, fue en 1983 con el espectáculo *Tango argentino* presentado en el teatro del Chatelet de París.

El espectáculo fue organizado por la Cancillería argentina y su repercusión mundial fue tal que hasta reavivó el interés nacional por el tango.

¿Pero quiénes son estos argentinos?

El 2002 fue el año más largo de nuestra corta historia. Fue como cruzar los Andes, pero esta vez haciendo un túnel bajo el Aconcagua. Nuestros amigos del Norte, con la objetividad que siempre nos dedicaron cuando ya no nos necesitaban, nos habían ubicado junto a Nigeria, Mozambique y Zimbabwe en las estadísticas internacionales.

Ahora que empieza a haber una luz en la ventana (y que volvemos a desorientar al cardumen de economistas sistemados, con datos de crecimiento, estabilidad monetaria, disminución del gasto público y una extraña honestidad de Estado) es el momento de preguntarnos, qué somos, cómo somos estos argentinos...

¿Seguiremos en la Historia o seremos un país llamarada, que tuvo su apogeo sólo durante un siglo, de 1890 a 1990?

No somos aburridos. Tuvimos un propósito y un valiente objetivo: salir del desierto casi deshabitado y crear un país. Pero no un mero país, un gran país.

Maravillosa locura de los Sarmiento, los Mitre, Alberdi, Roca. No bastaba la independencia sino crear desde el Estado y con una enérgica visión del poder y del mundo, una Nación y hasta fabricarse una etnia de raíz europea predominante. A diferencia de las naciones antiguas que consolidan el Estado tardíamente, la Argentina se inventó a sí misma y se plasmó desde el Estado. Nos clonamos. Roca fue la culminación del proceso fundacional.

Universidades a nivel europeo. Los grandes hospitales. Las líneas férreas más extensas de Iberoamérica. YPF nacía con sus gloriosos pioneros (lo que graciosamente remataron en la década pasada). A partir de 1920, sobre todo con el apogeo de Alvear, estábamos entre los más poderosos del mundo. Como privilegiábamos la cultura (Sarmiento) y buscábamos la prosperidad (Pellegrini), la vida de las naciones madres, España e Italia, nos parecía menor, primitiva. Nos sentimos padre de nuestra madre. El demonio de la arrogancia se transformó en un estilo.

Descendientes de los gauchos que veían en el alambre al peor enemigo de su libertad y del caballo, y de los inmigrantes que venían a salvarse (no a salvar como los terribles redentores del *Mayflower*), empezó a imponerse un egoísmo de desembarco y de desiertos. Desarrollamos una inteligencia individual extraordinaria, pero una casi nula inteligencia colectiva. Así pudimos llegar a la anarquía de ahora, que parecería casi genética.

En Buenos Aires, la ciudad maravillosa que nos impidió la amable siesta sudaca, la viveza se definió como la matriz de todas las corrupciones. Traicionamos, robamos y nos extrañamos de ese Estado al que le debimos nuestra propia invención y la poca cohesión de un país formado con todas las sangres. Una especie de Frankenstein que estaba andando bastante bien...

Pero eso de la viveza porteña lo pagaríamos caro. La viveza no es más que la hija bastarda de la inteligencia. (Todos nos parecieron tontos o pesados frente a nuestra rapidez y arte de sobrentendidos: desde los yanquis hasta los escandinavos...)

Buenos Aires, la inefable, la maravillosa, le tomó el gusto a la autodestrucción y a la negatividad anarquista (Arlt, Discépolo y Martínez Estrada pueden ser los exponentes de esta mala costumbre).

La gente decente, los bienpensantes de Buenos Aires tienen un récord de destructividad para con los héroes que a veces rehabilitan después de asesinarlos: desconfiaron de San Martín y lo difamaron, llamaron "el loco" a Sarmiento, odiaron a Yrigoyen, vieron en Perón y Evita el eje del mal y, lo más indignante, negaron al más lúcido y al más honesto: a Frondizi y a Illia; aplaudieron cuartelazos (incluido el cuartelazo negro de Videla).

Pero deberíamos reflexionar: dimos dos genios de fama mundial en lo que hace a la rebeldía, el doctor Ernesto Guevara y Eva Perón. Los creadores de los partidos nacionales, predominantes hoy, fueron rebeldes: Alem, Yrigoyen y Perón. Todos ellos rebeldes, pero no anarquistas.

Argentina hoy está convocada a la suprema prueba: saber transformar su crisis en Renacimiento; saber integrar su pasado brillante para vencer la depresión y la queja.

Todas sus fuerzas creadoras, inteligencia, voluntad de progreso, riquezas nacionales, están intactas. Nos falta fe —que es voluntad de ser— y ese patriotismo que hoy tiene más vigencia en las canchas de fútbol que en los corazones.

Sin insolencia, sin nuestro desparpajo, nos venimos abajo. Tenemos ingentes tareas: restablecer el orden en nuestras instituciones en estado de anarquía, recuperar los negocios nacionales, recrear y reabsorber esa clase media que en diez años perdió el espacio ganado en un siglo, erradicar la penuria y hasta la lacra vergonzosa del hambre (con los burócratas sentados en dunas de cereal y con 80 millones de vacas).

Éramos y tal vez todavía somos el país de las mejores universidades de Iberoamérica, de los médicos que enseñaban en Europa, de la Comisión de Energía Atómica, de los artistas venerados mundialmente, de los grandes deportistas, del tango —que es la expresión popular más refinada y poética—. ¿Para qué enumerar lo que fuimos? Somos mucho para conformarnos con poco, o con la queja que ya nos aburre. Nuestras fuerzas de talento y creatividad están intactas. No sólo tenemos nuestro pueblo y territorio privilegiado. Con Brasil, Mercosur y los hermanos de Sudamérica estamos ante un nuevo ciclo histórico. Ello nos obliga a salir de esa mentalidad de patio y peluquería que tiene esa clase dirigente que nos dirige hacia el desierto. (Hacia otras protoformas resecas, estériles.)

Somos herederos de una aventura brillante y no nos conformaremos con ser la generación de la derrota. Los que miran quietos que se extinga la llamarada...

Penuria y grandezas de la Reina del Plata

Cuando André Malraux conoció Buenos Aires (en tiempos de nuestro apogeo) quedó sorprendido por el fasto, la fuerza, la elegancia, la intensidad de Buenos Aires y dijo: "Ésta es una capital de imperio, ¿pero dónde está el imperio?"

Desconcierto lógico. Una cabeza muy grande en un cuerpo poco desarrollado. Hasta hace cuatro décadas Buenos Aires sorprendió como una Europa exterior. Una Europa con veinte o treinta años de atraso. Una Europa de deliciosos gestos provincianos.

Ahora naturalmente es distinto. Hay piqueteros, cartoneros, asaltantes y asesinos cómodos en su tarea. Pero Buenos Aires sabe que vencerá sus lacras. Lo que es más incierto es la respuesta a Malraux: ¿llegaremos a tener el imperio que corresponde a tamaña metrópolis?

Su calidad de vida y su ritmo cultural la ubican entre las ciudades más intensas de nuestro tiempo. Rilke decía que las grandes ciudades modernas son hechos contra natura, fascinantes aberraciones donde el bien y el mal, lo sublime y lo execrable, andan por la misma vereda. Es en esos grandes monstruos (que nunca se termina de amar o de odiar) donde la experiencia cotidiana de vivir alcanza la mayor posibilidad de variación y profundidad. Atraen porque de algún modo conjugan el opuesto entre nuestra intimidad solitaria y el trabajo de todos. Se vive en ellas porque ofrecen velocidad e intensidad, no paz ni sabiduría.

Las grandes metrópolis han sido las protagonistas del siglo XX, tan contradictorio. Han encarnado la modernidad, en lo bueno y en lo malo. Son símbolo y realidad de una época en que el nihilismo angustiante y las esperanzas ideológicas combatieron una lid sin precedentes.

Buenos Aires, entre todas esas grandes exageraciones urbanas, se distingue como una *civitas* que precedió a la civilización que tenía que haberla producido. La ciudad empujó al país tradicional. Quebró con él. Impuso una frenética imitación de lo extranjero. Quemó etapas. Creció intelectualmente lejos del resto. Buenos Aires triunfa y se frivoliza frente a un país que la mira como al hijo pródigo. Esta historia corresponde a la Argentina y a otros países de América donde la modernización se concentró en las capitales.

Lo cierto es que desde Europa, Buenos Aires suena como algo remoto y exótico. Es una especie de Europa preservada, una Shangri-la. Pese a la revolución informática y mediática, todos los días tenemos un viajero que se sorprende por su expresión de calidad de vida civilizada y de poder cultural.

A diferencia de Río de Janeiro con sus asombrosas bahías y de las ciudades "típicas" de Latinoamérica, Buenos Aires es casi inefable. ¿Cómo describir sus valores o su atracción a quien no la conoce? Es moderna pero no tiene la espectacularidad de Manhattan. Es sudamericana, pero en clima templado y sin indios o negros, verdadero desengaño para el tic turístico.

Salvo el tango, no tiene contraseña internacional alguna.

No obstante, la Argentina y Buenos Aires irrumpen en el universo informativo mundial por vía de la mala noticia política (dictaduras militares por suerte superadas) o por las luminarias y mitos que nuestro atípico país produce con extraña generosidad: Borges, Fangio, Maradona, Gardel, Evita, el doctor Guevara, etcétera. Muestras de un talento que flota entre lo artístico y lo subversivo a gran escala.

Martínez Estrada, desde su pesimismo crítico, fue el primero en advertir que Buenos Aires no era una ciudad sino un país o contrapaís imperialista. Imaginar a la Argentina sin el delicioso cáncer de Buenos Aires nos llevaría a encontrarnos con un país amable, bucólicamente latinoamericano, una especie de Ecuador de zonas templadas. Buenos Aires le aportó a la Argentina nada menos que la diferencia. Aportó angustia, curiosidad, esnobismo, noche. Le quitó a la Argentina la modorra colonial e ibérica. Le inyectó la angustia de Arlt, el malabarismo estético de Borges, la violencia poética de Enrique Molina. Sin Buenos Aires, la Argentina carecería de profundidad y leyenda. (Porque los países son un acto de convencimiento, de pasión, de parte de sus creadores. Son leyendas que se estiran en el tiempo y nos determinan: nos dan un estilo, una tradición, tal vez un destino.)

La inmigración masiva creada por una decisión admirable de los hombres de la Generación del 80 es la clave de esta ciudad-país. La población original, criolla, oligárquica, fue desplazada por sucesivos aluviones de inmigrantes, preferentemente italianos y españoles. Luego judíos, alemanes, centroeuropeos y, más recientemente, hermanos de la América andina.

Gran parte de lo bueno y de lo malo de la ciudad porteña quedó determinado por esos barcos que llegaron atestados de gente esperanzada a la rada de Buenos Aires. Con ellos llegaron los editores de la España exiliada. Los traductores de la novedad psicoanalítica, política o literaria. Aquí se editó a Hermann Broch (*La muerte de Virgilio*) antes que en Alemania y a Saint-John Perse antes que en el París ocupado.

Este sobresalto étnico nos acercaba la realidad y el estilo del mundo, la enfermedad, la esperanza y el pesado pesimismo de quienes habían perdido su patria e intentaban reconstruir aquí una segunda vida. Surgía una curiosidad intelectual nacida del dolor de una quebradura profunda. La cultura como necesidad de coherencia, como búsqueda de certidumbre, como perplejidad (Xul Solar, Gombrowicz, Murena, Borges, Fatone, Martínez Estrada).

Del mismo modo que Buenos Aires creció como urbe sin país o a contrapaís, el porteño conformó su idiosincrasia al margen de la criollidad y del estilo provinciano. Toda América latina tiene una imagen clara de la prepotencia o guaranguería del porteño, en la que a veces se esconde un fondo de timidez o hasta de ternura. En general, el porteño típico huye (hacia adelante) de sus límites personales y de la inseguridad de un origen complejo. Buenos Aires es su hábitat indispensable. Como pertenece a un mundo exiliado de Europa, como se dijo, su sentido de lo bueno y sus exigencias no tienen límite. Vive el Primer Mundo como algo propio. El porteño huye del Tercer Mundo como de su realidad latinoamericana (que hoy es la suya). En su esfuerzo están su grandeza, sus logros y la clave de sus patéticos desbarrancamientos. Desde los tiempos de nuestro triunfo económico, el porteño adoptó las mejores cosas como si las produjese. Tiene exigencias de la Europa originaria.

Buenos Aires concentra la herencia sarmientina que hoy, en el nuevo siglo, vemos peligrar. La universidad nacional gratuita fue un centro de calidad en todas las disciplinas. El hijo del inmigrante se doctoraba. La gran promoción social pasaba por la cultura y su valoración prioritaria. (Es lamentable hablar de este tema en tiempo pretérito.)

A partir del año 20 los prestigios en Buenos Aires pasaban por el talento. Surgieron grandes periodistas como para imponer al matutino *La Prensa* entre los más informados del mundo. Los escritores habitaron columnas semanales. Uno de los libros más literarios de Borges apareció en forma de relatos independientes en aquella *Crítica* de Natalio Botana, una de nuestras aventuras periodísticas más recordadas.

El café de Buenos Aires, el café de cada esquina importante del barrio, fue la universidad paralela o el centro de "extensión universitaria" como ahora se dice. En la noche de Buenos Aires había que saber de todo: novelística rusa, taoísmo, freudismo con todas sus variantes, marxismo del rosado al escarlata, ocultismo, etcétera.

El tango y la literatura recogen los estratos míticos de distintos momentos de la ciudad. Los quietos tiempos coloniales, hasta que nos picó la pérfida voluntad de ser, de existir. Las alternativas del aluvión inmigracional (somos uno de los pocos países que decidieron cambiar de raza y crearse una etnia de importación).

Fue el tiempo de la prostitución masiva, del "camino de Buenos Aires" narrado por Albert London. Tiempo de cuchilleros y de sucios explotadores donde incautamente Borges creyó encontrar un culto de coraje.

Sórdidos burdeles o departamentos exclusivos con *cocó*, gato de porcelana y champagne.

El gallego Julio. La banda de los franceses. La horrible *Zwi Migdal*. Es el tiempo de *Los siete locos*. Anarquistas llenos de amor humanitario al poner su bomba en la cola del consulado de Italia.

Y siempre el tango. De Arolas, Villoldo, Firpo, Bardi y el pibe Ernesto, a De Caro, Cobián, Fresedo y la generación del 40. Siempre el tango como alma, o el espejo musical del alma de la gran metrópolis.

Años después y luego del auge teatral, los cines y cafés de la calle Corrientes serían el nuevo epicentro cultural. Es la etapa cinematográfica de Artistas Argentinos Asociados con su insólito desafío de cine nacional y latinoamericano. Serán los años del descubrimiento de Bergman y del neorrealismo italiano. El cine fue el último frente cultural de los porteños para alimentar sus charlas y comentarios.

Entonces la cultura se movía en el tejido de la sociedad como un agua vivificante sin necesidad de que fuese impulsada por los entes municipales o gubernamentales.

Y aunque disminuido el impulso, queda en Buenos Aires esa inconfundible evidencia de una ciudad que creció en relación con la cultura y la pasión creadora.

El encanto, la sugestión o el poder de atracción de una ciudad podría ser calificado dentro de "lo inefable femenino".

A veces hasta lo feo y desagradable gusta. (La atroz edificación y la suciedad de la calle Corrientes bastarían para demostrar lo dicho.)

Cada porteño, cada amante de Buenos Aires responde a la atracción con códigos secretos.

Para algunos será la ciudad elegante que después de la peste de 1870 se concentró en los palacios afrancesados del barrio norte. Es la ciudad chic. La de los refinamientos que cautivaron a Evelyn Waught, a Ortega y Gasset y a tantos otros extranjeros que se encontraron con esa "Europa periférica" de Borges, pero todavía entusiasta, impulsada económicamente por una oligarquía que buscaba acercarse a la aristocracia por vía de la cultura.

De ese místico resplandor quedan algunos palacios rodeados de grandes casas de departamentos. Pero queda el recuerdo y el sabor del refinamiento.

Para otros, Buenos Aires será el recuerdo de tardes de infancia, patios de colegio, cuaderno San Martín y carpeta Rivadavia. Será el olor de la goma de borrar, el sol naciente del transportador de lata o el heladero en la siesta de verano anunciando sus modestas delicias.

Podrá ser el Buenos Aires de calles largas y empedradas con las melenas de los plátanos esperando la brisa de la tarde. La ciudad de pared baja y patio hondo con plantas cuidadas a mano de madre.

El misterio de los barrios profundos con la esquina del café siempre encendida. El enigmático gato que nos mira midiéndonos y se escurre entre las macetas del patio. Empedrado bajo la garúa.

Sólo el tango pudo decirlas. Sólo el tango, con dos notas o dos versos, pudo aproximarse al sentimiento de la ciudad que nos contiene y sostiene. La ciudad es el espacio de nuestra singladura existencial. Aparece en nuestra vida como el espacio obvio y termina adentrándosenos. Se encarna. Con el tiempo comprendemos que nos vamos haciendo materia de su eternidad. La Ciudad nos pertenece, pero también le pertenecemos.

Pocas ciudades tienen tanto poder de seducción escondido en una presencia desilusionante, de aldeón extendido.

Es un símbolo de fuerza creadora. Símbolo de la ocurrencia y la voluntad de ser de todo un país que supo crecer desde la planicie de nuestros tiempos coloniales y apropiarse de lo mejor de su época.

Hoy veo a Buenos Aires con nostalgia por aquella voluntad de ser. Su aventura es casi la aventura de la Modernidad que expira.

Enfrenta un desafío apasionante: ¿podrán resistir su cultura, su encanto y su personalidad el embate del nuevo siglo en el que la Argentina arranca desde la quiebra y la desilusión?

¿Sabrá conducir, ser la gran capital de esta Latinoamérica que debe consolidar su presencia de bloque cultural en el universo peligrosamente globalizado —movido por fuerzas anónimas— que tiende a uniformar todo lo que invade?

¿Nos protegerá como para que sigamos siendo nosotros mismos en el nuevo ciclo? ¿O nos quedaremos en el dolor de ya no ser?

EPÍLOGO

La perversa seducción de la barbarie

Imperceptiblemente recaemos en la vieja pasión autodestructiva, casi sin darnos cuenta, después de un breve ciclo de esperanzas y de reconocida reconstrucción, solapadamente aparece ese morbo autoaniquilador que Massuh definió como "la nostalgia del fracaso". Es el peor de nuestros tangos políticos. Rodolfo Kusch, con miras sociológicas y más dramáticamente, señalaba en nosotros la "seducción de la barbarie" como un remanente o una constante heredada de nuestros ancestrales choques culturales. El desierto nos llama, nos seduce. Siempre aparecerá su voz en las horas decisivas. El pueblo de América latina más dotado para el desarrollo, entendido según los parámetros de la modernidad, padece periódicamente la curiosa pulsión de huir fervorosamente del progreso. Es una antigua dialéctica entre dos tiempos de verbos: entre el ser y el estar (entendido éste más bien como un dejarse estar casi subversivo, pues conlleva, según Kusch, el rechazo de los modelos exteriores de vida y de desarrollo).

El pueblo que directa o solapadamente se jacta de su etnia tan europea y de aquel "mítico 1929", cuando la Argentina se contó en el selectísimo club G7 (entonces todavía no fundado) compuesto por las naciones más avanzadas cultural y políticamente, ahora, cuando empieza a retomar ese camino con practicidad y realismo, ante una situación mundial que no deja espacio para divergencias ideológicas, asoma no el espíritu de 1929 sino el del atroz 1829: pasión de anarquía, caudillos cavernarios, miedo al mundo exterior y una política menor, de rencorosas cabalgatas y mateadas sin destino. Se restablece con lamentable extensión la política de patio manejada por "poscaciques" menores adueñados de los grandes partidos.

A estos intolerantes se agrega la izquierda de siempre. Despechada, intelectualosa, sin libretos, como una eterna Justina, agriada y ya vieja, que ningún perverso marqués de Sade se preocupa por violar. Era previsible, no tenía otro camino que el de la moral rencorosa: sustituyó a su amado Trotski por un Catón de extramuros, y cambió el sueño revolucionario adolescente por el puesto público en el gobierno del mismo partido que ordenó *aniquilarlos* tres décadas atrás. (Hasta se los indemniza por el disgusto.)

Lo cierto es que se estableció una opinión autodestructiva. Padecemos un aparato de información entusiastamente neurotizante. Sin establecerse valores, sin distinguirse lo importante de lo menor, la información se torna acumulación informe de noticias. Entre nosotros prolifera, y se tolera con mansedumbre tonta, el negocio de la mala noticia y de la alarma. El zumbido de la Argentina en cada mañana es como el de un avispero radial amenazado por el fuego. Esa información no formativa conforma una especie de neurosis matinal, un desayuno audiovisual aplastador. Tenemos una especie de producción radial, de estilo argentino, que podría cumplir una función importantísima. Sin embargo, salvo muy contadas excepciones, nuestra patria locutora está en el mismo plano del de la politiquería de patio. Es su justa caja de resonancia y el mecanismo de promoción de mediocres. Merced a esa caótica polifonía matinal, hasta el maullido de un gato angustiado adquiere una dimensión wagneriana.

La mencionada nostalgia de fracaso encuentra hoy un inesperado camino. Ya no se trata de dictaduras trogloditas: ahora recurre a la democracia envilecida; la democracia es para los argentinos sólo una palabra llena de ambiguos prestigios, es más bien un deseo que una realización, su vida depende exclusivamente de la calidad con que la alimentamos. Y en un panorama sin ideas, sin grandeza, donde todo es chisme y furia, poco podemos esperar de ella. Con las democracias bobas (o perversas cuando se establecen para perpetuarse) hemos creado hiperinflaciones récord, hemos vaciado el patrimonio nacional y entregado los negocios argentinos, casi de peor manera que los gobiernos militares, siempre recibidos con considerable entusiasmo popular.

Aunque Sarmiento no lo hubiese podido creer, hoy es en esta democracia mal usada y opaca por donde se asoma paradójicamente nuestra peligrosísima seducción de la barbarie.

Ahora no nos quedan alternativas; o logramos desplazar la ineptitud y la corrupción movilizándonos democráticamente para reinstitucionalizar este país desarticulado o estamos en puertas de la anarquía, cuyo color, como sabemos, es el de la sangre.

Estamos en un país frivolizado, farandulizado, de hedonismo estúpido. Ésta es la nueva forma de barbarie que nos degrada y seduce.

No se puede ser complaciente. Demagogia es conducir concediendo lo que la plebe quiere.

Hoy urge la *anagogía* (del griego *ana,* hacia arriba, y *agogós*, conducción). Esto quiere decir superación en todos los sentidos: instituciones, conductas, educación, conciencia de problemas y defectos, debates y cursos de acción.

La dimensión anagógica significaría arrancar a nuestra Argentina del camino de decadencia indiscutible que vivimos como una enfermedad profunda, tal vez desde las ilusiones y la concreta derrota de Malvinas.

Superar. Ir hacia arriba, porque la Patria se nos viene abajo.

Necesitamos conciencia movilizadora y una voluntad similar a la que tuvo Adenauer ante su desastrada Alemania después de 1945, cuando lanzó el país a lo que llamó el *Rearme Moral*, que consistía en una gigantesca reconstrucción de valores, por vía educativa.

El espíritu argentino espera ser convocado más allá de la politiquería de patio. Desde el fondo de nuestra historia, como se evocó en esta miscelánea, nos sentimos hechos para el desafío y no para el conformismo; para la aventura y no para la melancolía. ¿Habremos perdido aquella maravillosa insolencia de ser?

FIN

Índice

emecé
editores

España
Av. Diagonal, 662-664
08034 Barcelona (España)
Tel. (34) 93 492 80 36
Fax (34) 93 496 70 58
Mail: info@planetaint.com
www.planeta.es

Argentina
Av. Independencia, 1668
C1100 ABQ Buenos Aires
(Argentina)
Tel. (5411) 4382 40 43/45
Fax (5411) 4383 37 93
Mail: info@eplaneta.com.ar
www.editorialplaneta.com.ar

Brasil
Rua Ministro Rocha Azevedo, 346 -
8º andar
Bairro Cerqueira César
01410-000 São Paulo, SP (Brasil)
Tel. (5511) 3088 25 88
Fax (5511) 3898 20 39
Mail: info@editoraplaneta.com.br

Chile
Av. 11 de Septiembre, 2353,
piso 16
Torre San Ramón, Providencia
Santiago (Chile)
Tel. Gerencia (562) 431 05 20
Fax (562) 431 05 14
Mail: info@planeta.cl
www.editorialplaneta.cl

Colombia
Calle 73, 7-60, pisos 7 al 11
Santafé de Bogotá, D.C.
(Colombia)
Tel. (571) 607 99 97
Fax (571) 607 99 76
Mail: info@planeta.com.co
www.editorialplaneta.com.co

Ecuador
Whymper, 27-166 y Av. Orellana
Quito (Ecuador)
Tel. (5932) 290 89 99
Fax (5932) 250 72 34
Mail: planeta@access.net.ec
www.editorialplaneta.com.ec

Estados Unidos y Centroamérica
2057 NW 87th Avenue
33172 Miami, Florida (USA)
Tel. (1305) 470 0016
Fax (1305) 470 62 67
Mail: infosales@planetapublishing.com
www.planeta.es

México
Av. Insurgentes Sur, 1898, piso 11
Torre Siglum, Colonia Florida, CP-01030
Delegación Álvaro Obregón
México, D.F. (México)
Tel. (52) 55 53 22 36 10
Fax (52) 55 53 22 36 36
Mail: info@planeta.com.mx
www.editorialplaneta.com.mx
www.planeta.com.mx

Perú
Grupo Editor
Jirón Talara, 223
Jesús María, Lima (Perú)
Tel. (511) 424 56 57
Fax (511) 424 51 49
www.editorialplaneta.com.co

Portugal
Publicações Dom Quixote
Rua Ivone Silva, 6, 2.º
1050-124 Lisboa (Portugal)
Tel. (351) 21 120 90 00
Fax (351) 21 120 90 39
Mail: editorial@dquixote.pt
www.dquixote.pt

Uruguay
Cuareim, 1647
11100 Montevideo (Uruguay)
Tel. (5982) 901 40 26
Fax (5982) 902 25 50
Mail: info@planeta.com.uy
www.editorialplaneta.com.uy

Venezuela
Calle Madrid, entre New York y Trinidad
Quinta Toscanella
Las Mercedes, Caracas (Venezuela)
Tel. (58212) 991 33 38
Fax (58212) 991 37 92
Mail: info@planeta.com.ve
www.editorialplaneta.com.ve

Grupo Planeta

Emecé es un sello editorial del Grupo Planeta www.planeta.es

HAZ esta Rutina
de forma
de Pensar
el Tiempo